WITCH

WITCH

女巫

療癒世界的傳奇

WITCH:

UNLEASHED, UNTAMED, UNAPOLOGETIC

LISA LISTER
麗莎・萊斯特／著　林曉欽／譯

目錄
Contents

前言

這是我們的時代

女人，我們活在「有趣的年代」。

社會、自然和人際互動的方式瞬息萬變。騷動復甦的年代，我們當中的許多人——遠比以往更多人，都聽見了「召喚」。

我曾在上一本書《熱愛你的女性景致》（*Love Your Lady Landscape*）提過「召喚」，也就是——

女神給你的召喚。

要你忠於自我，腳踏實地崛起的召喚。

要我們信任自己的召喚。

這份召喚要我們相信直覺本能、女性力量和內在女性智慧。只要我們實現這份召喚，既有的老舊父權必然應聲瓦解。縱然我們起步緩慢，但父權結構注定要失敗。

沒錯，就是這份召喚。

對許多人來說，這份召喚聽起來就像是一段記憶——也許來自前世，或者是祖先捎來的耳語，也可能是深埋骨髓的一種感覺。無論何者，都是為了讓你憶起自己曾經是誰。

父權結構在你身上銬上了枷鎖，把你的女性力量丟入漆黑的世界，甚至認為女性力量是一種禁忌，教你學會畏懼黑暗，而這份記憶就是要你擺脫一切，想起父權結構出現之前的真實自我。

喚醒你記憶中的女巫

在過去，「女巫」這個字眼被用來妖魔化、羞辱和壓迫女性，但現在不一樣了。全球各地的女人開始積極正面地用「女巫」稱呼自我。

沒錯，「女巫」總是讓人聯想起一位滿臉疣瘤的老女人，抱著一個大鍋爐。但女巫的形象在二十一世紀已經徹底顛覆。現代女巫運動的重點是女性賦權，而非實現黑魔法。

女性朋友正在圍繞彼此——現實生活和網路皆然——歡慶月球週期的不同階段。她們舉辦了各種儀式，榮耀四季的遞嬗，用法術治療、認清並且找回自己的魔力。

甦醒吧！女巫

女巫代表你我心中曾被壓抑、忽略、懲罰和妖魔化的內在，而我們的內在想要，不，是「需要」取得我們的力量，並將它發揮到淋漓盡致。

人們經常問我，「為什麼女人總是害怕坦率地說出心聲？」我的答案很簡單，因為我們害怕彼此內在的女巫。

完全發展內在力量的女人，就是女巫。

她觸碰了黑暗世界，知道如何張開眼睛見證一切，如何放下執著，追隨內心的忠告。更重要的是，她總是追根究柢。

她的生殖器與地球完全相連。

她可以聽見逝者的聲音，感受骸骨裡的古老祕密。她知道今生的意義遠比眼前更深遠，她是對的。

她的甦醒將撼動父權結構。

她知道自己在任何環境裡都是最火熱的焦點，優雅美麗、憤怒悲傷、充滿愛與喜悅、纖細柔軟、疲倦脆弱的女人。

她也清楚在某些時候，她會一併展現所有特質。

完整堅強的女人

完整堅強的女人，會讓無法忠於自我和其價值的人備感威脅。所謂的完整，當然包括我們自身和更纖細的內在自我。

想要成為女巫，必須找回記憶，整合過去被驅散而強制遺忘的自我，讓她再度完整，才能風馳電掣。

女人曾經為了討生活、消費、藥物和媒體馴化而麻木，現在每一個女人都要甦醒了。我們的完整、直覺、魔力和力量——我們雙腿之間蘊藏的力量——可以改變這世界。

女巫們！甦醒的日子來了，甦醒的時候到了，為了我們自己和這座星球。

我們應該記得，成為女巫就是成為一位充滿力量的女人。千百年來，直到現在這一刻為止，女人總是身陷在駭人的無力感之中。

我必須坦承，這也是為什麼「現代女巫」——塗上黑色口紅，戴著半月型的銀製皇冠，穿上水晶裝飾的內衣——會被「傳統女巫」大力抨擊的原因。

沒錯，外人很容易批評現代女巫是流於表面的「膚淺」，或者將「女巫」變成另外一種空洞的消費主義風潮。但是，在光鮮亮麗的打扮裡，女人即將甦醒，拿回自己的力量。

老實說，不管你是因為看了雜誌上一篇受到一九九六年電影《魔女遊戲》（*The Craft*）啟發的兩頁文章（我超愛這部電影），才會自稱是一名女巫，或者你是一位天生的女巫，由家族成員教導如何解析塔羅牌、調和藥草並且製作魔法藥水（這是我的寫照），都沒有關係，只要記得：女巫代表重大的責任。

因為女巫帶來力量。

女性的力量。

奪回女巫的名號，並且認定自己就是一名女巫，能夠帶回你的力量，因為成為女巫的影響力將滲透到你的全身。

身為女性，我們繼承了過往女性前輩的故事——她們的痛苦和恐懼。女性曾因為她們的力量而遭到壓迫、焚燒、淹死、折磨甚至噤語，我們繼承她們的故事，傳遞到我們的基因裡。因此，奪回女巫的意義並且喚醒體內的女巫需要極大的勇氣。

如果你真的想要成為女巫，你必須深刻地明白自己是：

- 擁有力量的女人。生理期時，你必須流血五天，每一次都安然度過，這不是超級英雄，什麼才是超級英雄？
- 擁有自然力量的女人，明白月球潮汐、四季、大自然母親和其身軀——並且用來為善。
- 女性創造者，闡明且創造魔法，照顧我們的地球。
- 擁有預言家視野、直覺和先見之明的神喻者。
- 療癒者，撫平父權結構帶來的巨大傷口。
- 迷人又危險的女魔法師。

如果你認為自己是一名女巫，就要做好準備，面對挑戰。我和莎拉・杜漢・威爾森——她是我的摯友，也是一名女巫，我們在這輩子和前世都是女巫會的姊妹成員——曾經歷這個階段，也交換了彼此學會的真理。

而這就是我寫作此書的原因。

我在書裡分享的每一件事，都是遵守我們的女神、母神的指示，目標就是復甦女性的力量。

為了修正世人對女巫的認識，並且傳達女巫代表的正確意義與象徵，所有的女巫必須一起承擔嚴苛的責任。對了，順便告訴各位：成為女巫完全不影響你的打扮，無論你想要使用什麼樣的水晶，或者你來自於哪一個女巫系譜，都不重要。

相反的，成為女巫的關鍵在於認知、探索、取回、信任並且使用女神賦予我們的創造力，包括想像力、直覺、預視能力、身體的律動循環和全部的能量，徹底體驗「黑暗」，才能帶來光明。女巫的作為不只是為了治療自己，也是為了照顧家庭、社群和整個世界。

放下男性的歷史（History），這本書要讓我們重新想起、書寫、訴說女性的故事（Her-story）。

我們的故事

數世紀以來，女性因其力量被長期地壓迫。我的奶奶必須壓低音量，不能討論她們創造的魔法。我的母親和同伴因為羞恥心而恐懼，害怕遭受審判，只好徹底放棄自己的力量。本書就是要回應這些事實。

此時此刻，女性的使命正是重新修正、奪回「女巫」的意義，並且積極回應女巫傳達的召喚。

你準備好了嗎？

走入火焰吧。火曾讓女人靜默，而我們要用這團火焰焚燒所有的恐懼、痛苦、憤怒和不義。

讓火舌舔舐你的腳趾。

得到力量，喚醒你心中的女巫。

時候到了！

讓我們團聚，回憶所有的真理、智慧和自然本性。

相信你自己，相信彼此。

讓我們連結大自然、地球母親，並進入她生生不息的循環裡，浸淫在兩者之間的中介地帶。

讓我們連結神聖的女神，想起她就是我們，我們就是她。

讓我們連結雄偉的男神，因為我們尋找的是完整的人性。

這是世界恆常的真理，為了重拾我們和星球的平衡，我們必須從這裡開始。

加入我們吧！女性朋友們，時候到了！屬於女巫的時代來了！

關於此書

這本書記載了我的世界觀，我的行事方式。

也許與其他的女巫傳統不同，但你會發現女巫之間有許多相似之處。

成為女巫的方法很多，許多人對於「女巫」的想法也不盡相同。

如果你想知道我的建議，那就是「不要拘泥於細節」。

仔細地讀讀這本書，把它當成占卜工具，或者放在枕下陪你入睡。無論你如何使用本書，只要記得我在字裡行間分享的經驗和實踐方法。

我不是一般女人，更不像其他女巫。

書裡某些章節會對你產生極為震撼的召喚，因為你將想起自己心中早已熟知的記憶。你也或許會強烈地反對我的看法，但沒有關係。我的寫作不是為了教導你「應該如何生活」，而是要在你的內在勇氣和體內點燃認知與回憶的花火。

真正的魔法是否有效，取決於你如何善用記憶。

請注意，雖然我在書裡不斷提到，女巫從來不會對於自己的真實身分感到羞愧。但是，我把一頁又一頁的手寫筆記整理成書之後，卻認為自己必須因為寫了一本專門獻給女巫的書而道歉，原因是：

我會惹惱傳統的女巫，因為我不夠「女巫」。

我會惹惱傳統的異教徒，因為我不夠全面關照其他的靈修方法。

我會惹惱跨性別族群，因為我沒有替他／她們發聲。

但這是我的工作。

我的工作就是鼓舞女性，我絕不會為此道歉。

「道歉」這個想法，還有其他人希望我道歉，就是我必須寫這本書的原因。既然我想分享，當然不會排斥其他人。但想要無所不包，必定會失去重點，並且捨棄我想訴說的特定故事。某些優秀、勇敢且果斷的女人替我們鋪下這條道路，我們必須完成使命。

為了拆解父權結構——它希望讓女性彼此分裂，失去自我——我們必須記得自己出生時，女神贈予的工具和力量。

我是一位天生的女巫，意思是我的家庭擁有吉普賽魔法。曾有幾年時間，我拋棄了魔法，為了追求「更重要的事情」——這個嘛——就是追逐男孩樂團，忙著與情人接吻，不希望因為自己是「吉普賽小孩」而遭到嘲笑。

但是，奶奶死後經常到我的夢裡，鼓勵我重拾魔法。

所以，我決定學習魔法，一如往常地十分投入。

超過十年的時間，我不只研究自家的吉普賽傳統，也涉獵了所有的女巫魔法種類，包括：

- 義大利的史翠葛瑞亞女巫（Stregheria）；
- 胡毒（Hoodoo）的起源與本質；
- 薩滿（Shamankas）；
- 馬雅女巫醫（Mayan medicine woman）；
- 威卡教的加德納教派和亞歷山大教派（Gardnerian and Alexandrian of Wicca）。

因此，我現在的魔法實踐方法相當兼容並蓄，但核心仍然崇拜母神（the Mother God）。此外，我相信抹大拉的馬利亞（Mary Magdalene）[1]和時母迦梨（Kali Ma）[2]也是女巫團的伙伴，這點引起相當大的爭議。

我善用大自然母親的四季變化，月亮的週期潮汐和我自己的生理週期，藉此連結魔力並且精鍊女巫法術。

我能夠施展法術，製作植物藥品，最喜歡在滿月時全裸嚎叫。沒錯，就是「啊嗚嗚嗚嗚嗚嗚」地嚎叫。

過去的女巫術和舊方法都已經失傳、消亡或腐化。因此，現代女巫術的基礎，建立在你我這樣的女人如何探索和復甦，並且應用在我們生活的世界。

我認為女巫的核心精神是相信自己的內在權威，使用個人鍛造的魔法，探索並適應周遭世界。

我很確定傳統女巫和其他特定傳統法術信奉者肯定會翻白眼，不認同我的想法。我也不打算爭執。

我會在書裡向你介紹一些傳統的女巫術和實踐方式。你可以嘗試其中的咒語和我自創的《暗影之書》（*Book of Shadows*）[3]，但我必須清楚地表明自己的立場：咒語和魔法儀式，都不是必要的。

它們只是一種工具，讓你相信自己，回到女巫術的根源——智者的巫術和睿智女性的女巫術——從前的女巫就是充滿夢想、想像力、藥草和咒語的薩滿。

請注意：我不會建議你丟掉 iPhone，脫離社交平臺，徹底回到遠古生活。相反的，我要你想起自己的本質，在現實生活裡發揮影響力。

我們已經太習慣接受別人制訂的「五項重點計畫」或「指示說明」，才能從事生活大小事，導致我們不再相信自己。因此，我建議你放開心胸，閱讀本書。任何捕獲你目光的想法，都只是宇宙給你的小小暗示——也是一份激昂的刺激，要你相信自己的心、直覺和子宮都是最好的嚮導。

你不需要任何媒介聯繫萬物之源和你的內在智慧，只需要把雙腳踏在大地之母的土地上，就可以獲得平靜，創造你的禱詞或咒語。

---

1 抹大拉的馬利亞是新約聖經中描述的女性耶穌追尋者。耶穌替她驅魔之後，她開始追尋耶穌，甚至目睹耶穌在十字架上受折磨而斷氣。安息日後，馬利亞發現耶穌的墳墓空了而流淚，也因而成為耶穌復活的第一個見證者。

2 時間之母（時母），音譯為迦梨，印度教的重要女神，一般相信他是濕婆的妻子。迦梨為 kālī 的音譯，此字的意義為時間。印度教認為迦梨與時間、變化有關，象徵新生與力量。

3《暗影之書》是記載宗教文本和魔法儀式教學的典籍。此名典故來自於威卡教，有名的例子是一九四〇年晚期、一九五〇年初期左右，由傑拉德．加德納寫下的《暗影之書》。

坦白說，最強而有效的咒語必須由你自己創造，因為它最適合你的需求，搭配你獨有的創造力、熱情和女性魔力。

因此，我希望你把自己當成「沒這麼神祕的女巫團」的一份子，用這種心情閱讀本書。

我希望你不管在任何時間地點，只要打開這本書，好好閱讀其中的文句，就能覺得自己坐在一個女巫圈裡，與其他朋友一起共同體驗一場神祕的儀式，讓嚮導帶領你走過懸崖和道路。

我希望你感受到自己被一群志趣相投的睿智女性、療癒者和藥物守護者所圍繞，回頭就能看見所有的女性前輩還有時間的起源。

只要你願意細心閱讀，做好準備，成為一名徹底覺醒的女巫，找回力量，我們都在這裡擁抱你，支持你並且愛你。

進行女巫圈儀式之前，我永遠都會先洗儀式澡，我也建議你從這裡開始入門。

儀式澡

儀式澡的目的是清除負面能量，讓你的身心靈做好準備，進行女巫圈儀式。你可以在進入女巫圈前進行儀式澡，這是女巫的良藥、療癒者的法門，也是讓你徹底沐浴在自身力量與存在的方法。

以下是我個人的儀式澡方法，但女巫們，請相信自己！讓你的直覺引導自己，決定你當下需要的藥草和精油。

（除此之外，請你在儀式澡前再三確認自己的健康、過敏和懷孕情況。）

需要的物品：

- 聖水（我很幸運，因為經常造訪英國的格拉斯頓小鎮，此處充滿魔法與傳奇故事，得以取得當地紅泉及白泉的聖水。坦白說，所謂的聖水就是地球母親的天然水，例如海水、泉水或溪水。如果你居住在內陸城市，也可以自行製作聖水。方法是在自來水裡加入鹽巴，放在你家中的聖壇上接受祝福。）。
- 喜馬拉雅山玫瑰鹽或瀉鹽；

- 三枝迷迭香；
- 玫瑰水晶；
- 紅玫瑰和粉紅玫瑰花瓣；
- 任何你想加入的藥草（請參考第十一章的女巫藥草學）；
- 玫瑰精油；
- 蠟燭；
- 紅酒，或是你想在儀式澡結束後享用的解放飲品。

儀式澡的方法：

1. 加入三小杯喜馬拉雅山玫瑰鹽、玫瑰水晶、迷迭香枝葉到洗澡水裡，混入幾滴聖水、玫瑰花瓣和五到六滴的玫瑰精油。
2. 在蠟燭上塗抹玫瑰精油後點燃。
3. 慢慢進入洗澡水裡，想像它正在釋放你的負面能量，從身體、心靈和精神流入水中。

請你放輕鬆，好好享受洗澡水的溫度、空氣的香味以及負面能量獲得釋放的愉悅。隨著這種感覺而搖曳。

淋浴淨身時，稍微用一點時間，專注思考儀式澡的意義。你為什麼要買這本書？你已經準備好要喚醒內在的女巫，重拾女巫名號了嗎？

想像你的目標，發自內心地知道自己準備好了。

等到你心情就緒，拔開浴缸的栓子，靜靜等待洗澡水流洩，讓水帶走過往的思維和行為模式，它們無法幫助你的人生了。

請記得，洗澡水把所有的負面能量帶到地球深處，永遠不會再浮現了。

4. 從浴缸裡起身，進行自我祝福儀式。

在全身塗上聖水，大聲說出禱詞：

祝福我的心靈，讓我學習女巫之道。

祝福我的雙眼，讓我見證今日。

祝福我的嘴唇，讓我呼喚你們的名字，知曉你們的祕密。

祝福我的雙胸，讓她們美麗而堅強。

祝福我的子宮，讓她成為聖杯，裝滿所有神祕的事物。

祝福我的膝蓋，讓我跪在我的聖壇。

祝福我的雙腿，讓我能夠行過此路。

斟一杯酒或任何你喜歡的飲品——你可以自行決定哪一種飲品可以解放自我——獻給女神和男神之後，再品嚐一口。

擦乾身體，清理浴室，將解放之飲倒回地球的土壤（如果你是住在都會區的女巫，可以將飲品灌溉在植物盆栽裡）。

儀式澡完成了。誠如我願！

開啟女巫圈

想像自己進入女巫圈

焚燒艾草的香味洋溢在空氣裡。我非常喜歡用艾草驅蟲。火焰熊熊燃燒，舔舐破碎的樹枝，女人團聚在一旁。

加入我們吧。

請你看看女巫圈的周遭，直視與你團聚的女人，她們的眼神，也許你會認出某些人，也許不會。

其中一個姊妹正在反覆詠唱女神的各個名字，伊西絲（Isis）[1]、阿斯塔蒂（Astarte）、黛安娜（Diana）、時母迦梨、伊南娜（Inanna）[2]。姊妹的詠唱聲如此深邃，彷彿從子宮裡萌生。

這種感覺既古老又像時間靜止。

歡迎你回家。

禱詞

閉上眼睛深呼吸，鬆開你的手掌，抬頭敞開心胸。我會以順時鐘的順序，呼喚你注視四個方向。

首先，轉向東方，空氣的方位：請你吐出陳舊的空氣，吸入新鮮的空氣。幫助我們改變風的方向，不要抗拒它。

齊心慶賀，歡迎你的到來。

南方，火的方位：請你焚燒所有的悔恨，點燃熱情與慾望的火焰。當我們投入黑暗，你就是希望之火。

齊心慶賀，歡迎你的到來。

西方，水的方位：請你淨化我們，療癒我們的飢渴，滋養我們，讓我們探索情緒的潮汐，純粹我們的思想。

齊心慶賀，歡迎你的到來。

北方，土（地球）的方位：請你擁抱我們，支持我們，讓我們在地上長出堅強的根，讓我們崛起。

齊心慶賀，歡迎你的到來。

地球是我們的母親，天空是我們的父親，月球是祖母，太陽是祖父，群星的國度裡蘊藏無垠的神祕——請與我們同在，支持我們，指引我們的女巫圈。

先祖、女巫和過往所有的女性前輩，請加入我們的行列，與我們同坐，指引我們的女巫圈。

神聖的女神，萬物之女，我祈願你的現身和祝福，請你用愛、療癒和真理，清除周遭所有的沉重能量。

女神，我祈願你降臨在我的身上，我祈願你降臨在我們身上，讓我們齊心聆聽

1 伊西絲為古埃及女神。阿斯塔蒂是掌管豐饒和愛的希臘女神。黛安娜則是羅馬神話裡的月球和狩獵女神。

2 伊南娜，蘇美神話聖女，司掌性、繁衍和戰爭。

感知女巫圈、本書和生命道路裡最關鍵的真理。

誠如我願。

無論你身在何方，我們一起擁抱神聖且英勇的女巫圈。順帶一提，只要身為精神容器的你愈強，你的魔法也會變得更強。

這種古老的方法已經有數千年的傳統了，女人相聚在一起，擁抱空間——守護超越時空的神祕與祕密，這就是女巫之道。

英勇狂野的女巫——不要懷疑，我在呼喚你——感謝你參與了這次女巫圈聚會，更重要的是，感謝你忠於自我。

第一章

喚醒女巫

別害怕女巫一詞

二〇一六年二月，我前往洛杉磯威尼斯海岸的知名餐廳「感激之情咖啡」（Café Gratitude）。女性生理期追蹤APP《月時》（*My Moontime*）的創作者戴娜・吉爾樂絲皮（Dana Gillespie），以及《糖衣毒藥》（*Sweetening the Pill*）作者荷莉・葛利格・史帕爾（Holly Grigg-Spall）與我同行。我們三人笑著稱呼彼此是現代女巫的三位一體，齊聚在洛杉磯的嬉皮地區，享受超級健康的餐點。

我們三人的工作都與女人有關。

我們公開且大聲地討論陰道、子宮、月經和陰部的力量。

過去的女人如果從事我們的工作，就會被壓迫和殺害。

雖然現代獵巫不至於造成死亡（至少在洛杉磯，我們很安全），但我們三人確實因此飽受攻擊。荷莉曾接到死亡威脅，只因為她孜孜不倦地提醒世人注意避孕藥對女性健康生活的致命影響。

戴娜則被生育專業領域裡的其他女性同伴批評是「瘋子」，只因為她們的死板信仰無法接納戴娜。

我？她們說我「太過火了」。因為我向全世界分享自己的理念，她們抨擊我，甚至批評我的身體、性取向和信仰。

二月的那一天，我們聊起「女巫」這個名詞開始變得流行，IG甚至出現了一句流行用語：「我們是女巫的孫女，你燒不死我們！」戴娜笑著說：「這句話不對，應該說我們是你一再焚燒的女巫，但我還是回來了，賤人！」

我們笑翻了。我用環保吸管攪拌田菜甘藍汁的時候，黛安宣言裡的真理宛如一道鼓聲——古老但令人熟悉——敲進我的子宮。

你一定能明白我身上全是一路走來的傷痕，我就像女巫一樣被迫害和焚燒，彰顯了我的羞愧、恐懼、罪惡和焦慮（以及數千萬種不同的恐怖感受）。

我認為你也感受到了。

這就是為什麼，雖然寫作本書是如此驚恐駭人，坐在餐廳裡的我，仍然感受到靈魂裡的女巫，下定決心說：「沒錯，我們回來了！這一次，我們一定要奪回自己的力量！喚醒女巫的時候到了！」沒有任何浮誇的號角響起，行軍樂隊或掌聲，只有女性的真理。

時間快轉到二〇一六年五月，站在馬爾他的女神之地，一座地中海的小島，八名女人聽見並且回應了女神的召喚。我將這份召喚化成電子郵件，邀請她們與我一起來到聖島上的女神殿堂。我邀請她們喚醒女巫，沒有任何事先排演，只有彼此相連的心靈，參與這場甦醒儀式，並且牢牢記得。

團結一致，我們組成了九人女巫團。

當時是滿月，充滿力量的滿月，儘管我們才一起旅行的三天，月經卻早已同步了。我們赤腳圍成一圈，敞開心胸。我請她們隨我吶喊：「我的力量，我呼喚你回來，就是現在！」

沒有任何提示，我們一起喊了三次——只要女人團結一致，根本不需要指揮。我們牽著彼此的手，高聲詠唱：「我們的力量，回來吧，就是現在！」

這道聲音深入了我們的五臟六腑，刻骨銘心的深刻。

我們呼喚、拾回了潛藏在腳下地球的遠古女性智慧。我們的女神、母神與神聖的女性前輩都曾在這塊土地上被打壓、踐踏和壓抑，最後被迫流亡。

在美好的圓月下，我們圍成一圈，勇敢地呼喚自己的力量。我們為了所有女性而做——為了你，為了我，為了逝去的每一位女性，為了未來的每一位女性。

這是我體驗過最強烈的召喚。

我從其他女性的眼裡，看見自己的倒影。

我看見母親、作家、作家、藝術家，還有在日常生活裡擔任企業家和醫生的女性。

我看見這些女性勇敢地參與女巫圈。她們野心勃勃、纖細脆弱、純粹原始、柔軟無比，但也願意冒險。三天的旅程裡，我們聚在一起，分享彼此的故事、魔法、揭露並且闡述真理。

我看見大地母親。

我看見母神。

我看見古代的女性前輩。

我看見過往逝去的女性。

我看見尚未到來的女性。

我也看見你的倒影。

就在這座神聖的島嶼上，這次的滿月下，和這群女性的儀式裡，我宣布自己是超乎一切尺度的女巫。

雖然我已經是女巫家族的第三代。

雖然我曾全裸浸淫在英格蘭蓋世聖丘的山腰白泉裡，重新喚醒了女巫術。

雖然我一再體驗了大自然母親的力量、魔法和生死週期。

雖然我早已頻繁地進行單人女巫儀式，也參與了無數次的團體儀式和「女巫夜會」（Sabbat）。

為什麼這個時候才宣布自己是女巫？

我曾經以為俗名不重要，在大多數的情況下，也確實如此。

如果是「女巫」，那就不一樣了。

因為成為女巫代表重拾偉大的記憶。想起被遺忘的自我。

我們即將踏上一場永不停歇的旅程。這是耗盡一生的工作、使命和冒險。我們要持續地重新認識被自己遺忘的真理。

我也邀請你從這裡開始連結被你遺忘的自我和真理。

每一位女人的心裡都藏著一頭野獸。

她狂野，映照出自然本色。

她充滿力量。

她是力量的泉源。

她熱情、充滿創意、相信直覺，她的知識甚至超越了時間。

這個野獸的名字就是——女巫。

女巫經常被描繪為醜陋可怕且行惡的女人，真相並非如此。

女巫經常被敘述成魔法師，編織黑暗的魔法，創造詛咒。坦白說，這種認知只有部分是對的。

很少人相信女巫是睿智的女子、力量的泉源和大自然的力量。

但這才是真正的事實。

遺忘你對女巫的所有刻板印象吧！

黑暗巫婆和禁忌形象，莎翁劇作《馬克白》（Macbeth）[1]裡的三名女巫，掃把、

---

1 《馬克白》的主人翁原是一名將軍，聽聞三位女巫的預言後相信自己將登基為王，因而決定奪權暗殺國王。事態失控之後，馬克白再次造訪女巫，聆聽她們的預言。女巫因而是該劇中相當重要的邪惡角色。

毒藥、邪惡的咒語、撒旦以及可怕的鍋爐——請你放下這些刻板印象，讓我娓娓道來一個截然不同的女巫故事。

聽完這個故事，你再也不會害怕女巫。

你會在故事裡發現，將近三千多年來，父權結構試圖阻止你汲取內在的力量，才會讓你經歷了如此恐懼。

我邀請你參與這個故事，重新奪回女巫的名號。

擁有女巫之名。

完完全全地屬於你。

更重要的是，我也邀請你擁有女巫名號蘊藏的力量。

女巫究竟是什麼？

女巫是理直氣壯、毫無悔恨的女人。

她提煉經驗和情緒。

她擁有力量、能量和自主，並且遵從自己的意願。

她創造並且顯化事物。

她自給自足。

她自由地和自然、靈魂、男女神祇以及你想得到的所有神靈溝通，無須任何媒介。

女巫就是能夠掌握自己力量的女人。

她相信自己的內在權威，不需要仰賴外界的驗明和認同。女巫用自己的魔法探索與調和周身世界。

召喚

我在先前的章節裡已經簡單談過召喚。召喚是呼喚某個比你更偉大的存在，祂的能量會深深觸動妳的心。召喚是一種近似於命令的邀請。

不同的女性將體驗不同形式的召喚。你接受的召喚可能是：

- 閱讀法術典籍。
- 替生物的生存權利而戰。

● 為了地球母親的自然環境或其他更貼近你個人喜好的志願而奮鬥。

或者，你可能無法用任何形式描述自己的召喚，只是一種不安的感觸。

無論如何，多年以來，女巫一直躲藏在陰暗世界。你現在感受的召喚可能痛苦無比。這很正常，因為你被要求探索生命中從未涉獵的領域，必須審慎地喚醒並滋養內在的女巫，才能實現她的所有潛能。

讓我再強調一次，想要成為女巫，你不需要信奉威卡教或羅馬異教。

事實上，你甚至不需要知道「威卡教」或「羅馬異教」的意義。你唯一需要的就是阻絕所有的噪音，撕開被強制貼上的標籤並且無視社會輿論，發自內心地認識自己的本質。

因此，你的生命起源以及它孕育的傳統和行事方法，就是喚醒你內在女巫的最佳地點。

至於我，我來自吉普賽家族，也是瑜伽士和女巫，我想你已經能夠略知我的人生故事了。本質上，我是一名吉普賽女巫，繼承了「愛爾蘭遊居者」[2]的母系傳統，而我的父親是羅馬人。

我的父母都擁有預言家的想像力，經由夢境、直覺、塔羅牌和水晶球占卜，他們可以預言小孩的出生和性別，甚至能夠看見未來的家庭爭執，以及何時會遭逢巨大的家庭財務困難（時候到了，舅舅就會被推出去找工作，增加收入）。

我的羅姆奶奶可以使用黑魔法，能夠施放詛咒，在當地相當出名。（我的幾名前男友也曾說我有詛咒他人的能力，這個嘛，我不承認但也不否認）。很多人想到吉普賽人時，浪漫的形象隨即映入眼簾，美麗的貨車、女性頭巾還有耳環，但吉普賽人的真實生活卻是大相徑庭。

吉普賽人的古代女巫故事主題通常是迫害。我們探索歷史，討論過去歐洲與美洲的女巫審判。

對於羅姆吉普賽人和愛爾蘭旅居者來說，迫害仍然是真實的日常體驗。我的羅姆奶奶喜歡在脖子和耳朵上掛滿黃金珠寶。她曾說：「不要相信野蠻人！絕對不可以相信他們！知道嗎？」

人與人之間的迫害和相互不信任曾如此真實，現在亦如是。

2 愛爾蘭遊居者（Irish Traveler）是英國吉普賽三大族群其中之一。

我也明白自己寫了這本書，必定讓奶奶和外婆非常生氣。因為我向全世界分享了女巫的祕密，也承認自己的女巫身分。

我的老媽則是徹底氣炸了。

正如你想像的，我的老媽是一名了不起的預言家和解夢者。她可以在夢中看見各種景象和預言（直到母親臨走前的幾個月，我才知道這個事實。她把記錄夢境的筆記本交給我，裡面充滿各種符號和象徵，我也許要費盡一生才能完全解開其中意義）。

但她的大半生都在迴避自己的天賦和吉普賽直覺，正是因為擔憂遭到迫害。

坦白說，老媽的一生都在害怕。

她怕黑，也怕搭飛機、開車、蜘蛛以及有權勢的人，甚至恐懼生命本身，而她的人生也因此變得狹小，無法實現自我。

當初，我決定走入蓋世聖丘的白泉，重新成為女巫時，她非常擔心我會告訴其他人。

她害怕我會大聲說：「我是女巫。」

她害怕朋友發現。

她害怕我會因此失業。

她害怕這個世界沒有人跟我說話。

就算在家，如果我談論女巫的音量太大，她也會連忙阻止我。

但是，各位讀者必須明白一件事。

讓你被迫活在社會邊緣，躲藏在黑暗角落的恐懼。

這是老媽和奶奶的人生故事，我明白她們為何如此害怕。我當然也怕，但我有更重要的理由，必須告訴全世界：「我的時代來了，這是屬於我的時刻！」

我不想躲藏在陰暗的角落。

我不想尋找另外一個對我友善的世界。

我是女巫。

我是擁有力量的女人。

我是神聖的起源。

我是大自然的力量。

如果你拿起這本書讀到這裡，恭喜你，你的時代也來了！一起喚醒女巫吧！

女巫的使命

主張自己是女巫，在當前的歷史時刻已經變得非同小可。數百年來，女人的生活方式遭到壓迫。「女巫」這個字蒙受惡名，甚至變成污辱女性的工具。女性長久以來都被誤導，被迫相信力量帶來危險，我們才會藏起內在的力量，不敢發出聲音，只能渺小地活著。

我們的使命，女巫的使命，就是要讓所有人相信這般力量是安全的。面對數千年來的父權結構和生活條件，想要重拾力量，意味著我們要對抗過去學習的道理，對吧？

你的身體能夠自然地流露一股創造歷史、改變一切並且推動萬事萬物的力量。精煉你的生命，做出最好的調整，就可以掌握力量，用以致善。

這是女人生來具有的權利。

這就是女巫在做的事。

眼前的問題是，許多女性朋友對於扮演這個世界要求我們呈現的角色已經駕輕就熟。

地球最佳女演員獎的得獎者是誰？世上所有的女人都實至名歸。

我雖然不知道你的想法，但我個人扮演世俗要求的「女性角色」（而且我在過去曾經扮演很多種角色）時，總是覺得無法實現自我、飢渴、不悅而且焦躁不安。

你是否一樣坐立難安呢？因為你的內在無法獲得抒發。

隨時間流轉，被壓抑的內在自我正在尖叫。

震耳欲聾的尖叫聲吞沒了一切。有時候甚至造成身體的痛苦與疾病，或者憂鬱及焦慮。

你可能曾依賴食物、酒精、瘋狂購物甚或毒品才能獲得慰藉。一開始，你只是壓抑而已。為了壓抑內在的尖叫，你只有兩種方法。你必須臣服並且過著卑微的生活，否則就要挺身而出，強烈地對抗主宰世界的父權結構，才能順利生存。

我的母親選擇了臣服。她澆熄自我的生命光輝，讓別人的生命閃耀。她日復一日地尋求他人的認可，無法得到任何自我肯定。

她不相信自己，她根本不敢。

而我則選擇另外一條路，我想扮演別的角色。

我不在乎自己的女性身體，我用自己的頭腦思考並且做決定。我的生活風格就像男人，因為這樣比成為一個前所未聞的女人更輕鬆。

（忽略女性身體與生理週期，導致我曾罹患多囊性卵巢症候群和子宮內膜組織異位形成。我在《熱愛你的女性景致》裡詳細談過這次經驗，只是想讓你知道，我的選擇其實一點也不輕鬆。）

我們要先處理這種壓抑傾向。不光是我的老媽和我，西方世界的許多女人都在面臨這種現實困境。

感受你身體的尖叫，感受你生命的尖叫，因為我們不應該繼續壓抑了。時間到了，讓全世界完完整整地聽見並且感受到你的聲音。

這就是女巫的任務。

我們又要如何勇敢地完整表達自我？

我們必須完全彰顯自我。

包括我們的喜怒哀樂，我們的美麗與強悍，我們的力道與優雅，我們的脆弱與堅定，我們的慈悲與熱情。

各位朋友，我們不需要放棄任何特質。

事實上，我想邀請你一起挖掘更多寶藏。

太多女人的內心想要被喜歡與認可，這是人之常情，但也代表我們被馴化地很完美，可以做出千百種退讓。女人已經無法勇敢地完整實現自我潛能。女人總是如履薄冰，不要讓自己毫無存在感，但又不能大聲疾呼。

至少我是如此。我的女性工作伙伴也是如此。

我們從來不肯解放自我。我們退縮，停下腳步，無時無刻地馴化自我，只因為害怕批評、蒙羞或者在特定的情況下遭到外人的指控。

女人們，這不是正確的生活方式。

讓我重複一次，這絕對不是正確的生活方式。

放棄自我，或者小心翼翼地限制自我，只為了符合「完美贊同」的小框架，絕對無法讓我們重拾女性力量。

「放棄」不能創造女性力量。

只有成長並且完整表達自我，才能帶來女性力量。

鼓起勇氣，爭取自己的一席之地。

讓我們擁有更多吧！

這就是女巫的任務。

害怕「女巫」這兩個字的女人，也害怕自己的力量。如果你是如此，也沒關係。因為這個世界就是要你畏懼。

你曾聽過「權力帶來腐化」這句話，現在應該也可以想像一個追求權力、自私而貪婪的人。這種人會無所不用其極，只為了爭取權力，就算犧牲他人也在所不惜吧？

這當然是真的。我們必須時時刻刻警惕自己不能陷入此種權力執著。但就像「女巫」、「婊子」、「陰部」和「月經」這些詞並不是髒話一樣，「權力」也同樣不是，我們都被教育誤導了。

我們必須擁抱權力，而非排斥，如此一來才能完整地實現自我，並且向全世界表達女性的本質。

如果我們可以替權力寫下更好的定義呢？完全不是那種可怕、自私且低俗的權力。

為了追求這種權力，你必須知道：自私、操控和貪婪是腐化，不是權力。相信你的內在女性權威可以滋養你和身邊的伙伴。了解力量才能茁壯你內心的善意。這就是女巫的任務。

塔羅牌裡的「高塔」象徵「改變」，就像時母迦梨燒毀一切不需要的事物。

你準備好再度走入烈焰了嗎？

女巫的意義正是你必須無時無刻地點燃烈火。燒盡過去用來馴服你的故事。解開枷鎖以及你身上的束縛。

不能等到你認為自己足夠勇敢堅強之後，才冒險一搏。為什麼呢？只要待在牢籠裡，你只能繼續受到馴服。

你必須回到起源，才能發現自己真正的力量。撫摸地球母親，你的心靈和子宮都將與她相連與共。

這就是你與她的連結時刻。

你日以繼夜地活在這座需要拯救的星球，找到並且恢復自己的力量。你持續精鍊，發展最大的自我潛力。

也許你會覺得眼前還有好多工作，但這才是我們唯一的使命。許多女人費盡一生思索：「我們的熱情何在？我們的人生目標是什麼？我們應該做什麼？」

這就是我們的目標。

女巫的目標。

你其實很清楚自己想要完成這個目標。

想要成為女巫，你的耐力必須超乎常人，品嚐痛苦且甘之如飴。你必須感受一切，包括喜悅、痛楚、恐懼、憤怒和絕望。你必須願意接納所有的感覺，體驗整座世界。

忠於自我，即便那會讓某些人失望。

知道沒有任何人事物可以束縛你。

深呼吸，直達你的靈魂深處。

在艱難之處找到自己的力量、療癒和平靜。

讓你心靈裡的女性內在，領導你心靈裡的男性內在，但不要擺脫男性內在（你需要他！），並且用女性內在的力量、混沌與溫柔構成最堅硬的靈魂防禦。

愛自己！愛自己最狂野內在的特質。

當你發自內心地愛自己和身邊的朋友，你將進入嶄新而原始的親密程度，不要害怕。這樣的情感濃烈而充滿力量，絕對值得你的投入。

充滿美麗和情感聯繫的所在。

你夢想中的天堂。

這座天堂屬於你。
你知道這就是你的天堂。
這就是女巫的天職。

第二章

女巫的種類

女巫都是睿智的女人

女巫是指與地球結盟的睿智女人，也是一位療癒者。「女巫」這個字要求我們在地球歷史的關鍵時刻，清除「女巫」的污名，因為我們非常需要恢復女性的地位，讓女性崛起，重新達到地球的人性平衡。

——莎拉．杜漢．威爾森（Sarah Durham Wilson）

成為「女巫」，以及施展女巫法術的形式千變萬化。對於某些人來說，成為女巫是神聖與充滿靈性意義的實踐方式。另一些人從考古學和人類學的探索裡找到女巫精神，其他人則是經由文化的世代傳承，從母親傳遞到女兒或祖母教導孫女等方式，學習女巫的意義。其他的女巫傳統則建立在家庭、社群與文化系統的口述傳遞。

具備強烈新異教色彩的女巫傳統實踐者——特別是威卡教（Wicca）的加德納

教派（Gardnerian）和亞歷山大教派（Alexandrian），兩者皆由男性創造——她們待在具備階級結構的女巫集會裡，努力學習並且表現自己的潛力，直到地位崇高的祭司或女祭司賦予她們頭銜。然而，也有另外一些女巫實踐者只供奉女神，完全捨棄男性神祇。

我雖然不是威卡教徒，但一起學習的幾位伙伴都是來自威卡教派。

我的女巫實踐方法深受威卡教派的啟發——尤其是朵琳·瓦利堤（Doreen Valiente）樹立的典範（讀者可以在之後的篇章讀到她的思想），家庭傳統的耳濡目染與其他女巫思想的影響也同樣重要。我的精神取向非常兼容並蓄。我的魔法實踐高度涉及了現實生活，我也會在書裡分享啟發魔法觀念的思想教育。我的魔法風格以及看待魔法的角度，完全符合人類的感官直覺。

從本質而言，我是一位古典的女巫。

我所說的「古典」是指真正的古代傳統，可以一路追溯到女巫術的古老寫法：wiccecraeft-wiccecraefte 和 wicchecrafte，這些字的意義都是女巫術，也就是執行女巫（wicce，發音為 wit-cha）的技術與藝術。

古代的女巫（wicce）是狡猾機靈的女人、療癒者以及部落社群裡的睿智人物，能夠「改變並塑造」各種事物。沒錯，女巫的法術與直覺完全同步，能夠挪用自然能量，治療、茁壯和培育新的生命，甚至可以讓自己的生命與社群伙伴的人生和諧地符合自然之母的規律。

她信任並且崇拜一切的源頭：女神。女神和她都明白，她如同鏡子一般完美地符合女神的模樣。

這就是我的女巫之道。

你想要成為哪種女巫？

女巫術的傳統如百花爭艷，女巫的類型更是千變萬化。事實上，正是因為女巫傳統的數量眾多，無法在書裡完全列舉，只能討論較為受到歡迎的傳統和新異教風格的女巫術。

我的清單絕非包羅萬象，我也不想「要求」你選擇自己的喜好，更不是在告訴你孰優孰劣。相反的，我只是想要分享一張簡易清單，讓你可以更進一步地探索。

我按照英文字母的順序排列，因此，你應該可以輕鬆地找到特定的派別。

• 亞歷山大教派女巫（Alexandrian Witch）

亞歷山大女巫團設立於一九六〇年代的英格蘭，創辦人亞歷山大・桑德斯自稱為「女巫之王」。

亞歷山大教派女巫是加德納教派的分支，非常著重於訓練，他們相當強調卡巴拉（Qabalah）[1]與天使魔法（Angelic Magic），而其他教派通常會將這兩個領域視為教儀魔法。

典型的亞歷山大女巫團具備強烈的階級結構，每個星期舉行「女巫圈」聚會，至少會在滿月、新月與女巫季慶時團聚。她們舉行儀式時，通常一絲不掛。

大多數的亞歷山大教派女巫聚會願意接受沒有女巫頭銜的初學者參與，她們必

1 卡巴拉是西方祕儀法術之一，強調魔法師可以在崇高的領域裡進行細微的改變，進而實質地影響物質世界。

須學習基礎知識，直到高階女巫傳授初級女巫頭銜。

威卡教的亞歷山大教派女巫的工具與儀式，基本上與威卡教的加德納教派相同，在特定情況下會使用完全不同的工具和儀式，也會改變神祇與守衛之名。亞歷山大教派與加德納教派通常沒有實質差距，但兩者的哲學觀確實略有出入。

• 阿帕拉契女巫（Appalachian Witch）

這個傳統來自於一七〇〇年代定居在阿帕拉契山脈的第一代蘇格蘭人與愛爾蘭移民，她們承襲最「古典」的魔法傳統。

移居在阿帕拉契的女巫融合了當地切羅基人（Cherokee）傳統，創造出兼容並蓄的當地民俗藥草治療、歌謠詠唱、信仰治療、流傳故事與魔法。

所謂的「老奶奶風格」來自阿帕拉契山脈族群裡的老女士，她們扮演了相當重要的角色。

然而，當代的「老奶奶女巫」通常自稱為「女巫醫師」或「水女巫」，取決於她們更擅長治療和接生，或者是探索水源、草地與能量漩渦。

●阿塞圖教派（Asatru）與北歐傳統追隨者

阿塞圖（Asatru）意指「忠於阿塞爾的人」，阿塞爾（Aesir）是指挪威眾神。此宗教忠誠地追隨挪威眾神，也是當代的古日耳曼異教復興運動，建立在挪威異教的歷史文本復甦基礎。

阿塞圖教派（古日耳曼異教）相當接近挪威人的古典異教，現代的北歐國家通常稱呼這種宗教為「古典教派」（Forn Siðr; the Ancient Way），它更是冰島的國定宗教。

阿塞圖教派的起源相當古老，崇拜許多神與女神，包括：

索爾（Thor）與其雷神之槌：索爾控制了風暴，雷聲是馬車的前奏曲，而雨雲是他滋養人間大地的工具。

奧丁（Odin）：賜予人類神聖自然的偉大之神，他用一隻眼睛換取了智慧，長年伏居於世界之樹，學習魔法與符文的奧妙。

芙雷亞（Freya）：配戴神聖項鍊、騎乘貓車的女神，司掌愛與美，同時擁有控制戰爭的強烈能力。

芙麗嘉（Frigg）：奧丁之妻，與他共同領導諸神。

史嘉蒂（Skadi）：擁有強烈獨立地位的女神，掌管狩獵與冰雪。

阿賽圖教派的實踐者努力追尋古老北方大陸的神話，虔誠地信奉潛居在樹木、石頭與水裡的諸神。他們同樣尊重先祖，包括已經前往另一個世界的死者，以及仍然與「中土世界」（人類的實際世界）保持聯繫者，例如守衛家園的女武神狄絲爾（Disir）[2]。

● 布魯哈（Bruja）或庫蘭德羅（Cruandera）

「布魯哈」是西班牙文的「女巫」，「庫蘭德羅」則是西班牙文的「療癒者」。布魯哈和庫蘭德羅都用來描述拉丁美洲文化的傳統女巫、療癒者和醫療工作者，時至今日，美國與拉丁美洲社會都已經出現相當多元的型態（包括墨西哥在內）。

如同其他的女巫術與巫醫治療，庫蘭德羅與布魯哈的女巫傳統都遭到長期壓抑。西班牙的征服者將自己的文化價值強加諸於拉丁美洲原住民社會。近年來，年輕的拉丁美洲女性逐漸盛起一股古典復興潮。

兩種傳統的魔法實踐都包含了一般儀式、淨身、能量修練、通靈、命運占卜、讚揚地球、符合自然以及大量的祈禱。

魔法實踐者也會善用大量的工具，諸如藥草、香料、雞蛋、檸檬、萊姆、聖水、聖人、十字架、祈禱、蠟燭、焚香、精油與占卜工具。他們的儀式祈求天主教聖徒、民俗聖人、逝去的家庭成員或其他靈魂現身協助。

● 凱爾特女巫（Celtic Witch）

凱爾特包含了許多不同的傳統，例如德魯伊（Druidism）、凱爾特薩滿（Celtic Shamanism）、凱爾特威卡教（Celtic Wicca）與聖杯教派（Grail Religion）。

凱爾特的女巫術主要衍生於天主教盛起之前的高盧與英格蘭群島的古凱爾特宗

---

2 狄絲爾即常見的女武神 Valkyrja，她是半神，名字的意義原是「貪婪吞食屍體者」，後演變為遴選光榮戰死者的女神。根據傳說，狄絲爾是國王之女，亦有一說認為她是奧丁的女兒，她挑選戰死的勇者，帶往英靈殿，準備日後在諸神黃昏裡捍衛世界。

教。凱爾特的當代實踐多半採用新異教復興風格，著重大自然和療癒，以個人或團體儀式讚揚古代與地球。凱爾特女巫術的彈性很大，核心理念是凱爾特的神話、神祇、魔法與儀式。

凱爾特的女巫修練在英格蘭群島的異教徒中相當受到歡迎。她們追求自然元素、古代神祇和大自然的和諧共處。凱爾特女巫通常也是療癒者，與植物、石頭、花朵、樹木、人體元素、地精和精靈共同合作。

● 黛安娜女巫（Dianic Witch）

黛安娜女巫揉合了各式傳統，主要是崇拜三女神：少女、母親與老嫗。

黛安娜女巫術是「神聖的女性傳統」，只開放女性加入。外界觀察者也許會誤以為黛安娜女巫是單一傳統，實際上，在數百年的發展中，黛安娜女巫受到許多傳統的相互影響。

許多黛安娜女巫集會只崇拜女神（以黛安娜女神和阿提密絲女神為大宗，多數仍然僅限女性）。

黛安娜派的儀式非常兼容並蓄，部分儀式由加德納教派衍生而來，亦有其創新儀式。她們強調重新探索並找回女性的力量與神性，提升自我意識，將靈修精神帶入政治世界。

蘇珊娜·布達佩斯（Zsuzsanna Budapest）是一位相當酷的女巫，她認為黛安娜女巫是「專屬於女性的宗教」。她在一九八六年時創辦了「女性靈修論壇」，致力於將女神與女權意識帶向世界主流舞臺。

• 折衷女巫（Eclectic Witch）

折衷女巫是一種個人靈修方法，可以自行挑選不同的傳統，創造獨特的個人化女巫術風格，符合個人的需求與能力。

折衷派的女巫不會信奉特定的宗教或傳統，相反的，她們學習不同的理念，汲取其中的精華，自成一派，而不是追隨他人。

折衷派女巫的實踐者必須保持心胸開闊，接納其他知識、理念、信仰與方法。她們的適應力良好，可以根據自己的信念，因時制宜規劃自己的方向。

換句話說，她們不會服從任何規則，喜歡探索，從錯誤的經驗中學習，創造自己的規則與傳統。

• 加德納女巫（Gardnerian Witch）

承繼傑拉德．加德納（Gerald Gardner）之名，加德納女巫吸納了許多古典傳統，由於地緣之故，也受到英格蘭異教的民俗影響（加德納本人在新森林進行靈修，距離我家只有幾英里的距離）。

加德納女巫崇拜羊神與自然女神。一般而言，加德納女巫進行儀式時也不穿任何衣物。

高階的加德納祭司與女巫領導自己的女巫團，並且非常強調高階人員的領導地位。加德納靈修系統重視心靈昇華的過程，採用一系列的原始儀式，並且嚴格地劃分兩性差距，換言之，加德納傳統的一切事物都分為男女兩性。

• 綠能／環保女巫（Green/Eco Witch）

綠女巫（即環保女巫）是著重保護大自然與地球的女巫。

環保女巫強調民族故事、民俗宗教與古典文化的民俗魔法，例如德魯伊崇拜、義大利女巫的廚房魔法以及高盧異教的花園。

綠能女巫的傳統實踐方法將會諮詢地球、樹、葉草、植物與花朵，探索生靈萬物的醫療與魔術價值。她們通常自行種植葉草，或者前往植物的自然（野外）產地採集。她們非常善於調配藥劑、靈藥與療癒劑。

每一位綠能女巫的神祇信仰不同，泰半信奉地球母神或崇拜一系列的自然神靈。死者（包含人與動物）以及頻死的生靈亦是綠能女巫傳統的重要元素。

安・慕拉（Ann Moura）的作品《綠能女巫：民俗魔法、妖精故事與草藥冶煉》（*Green Witchcraft: Folk Magic, Fairy Lore and Herb Craft*）讓威卡教派的綠能女巫變得相當風行。

• 吉普賽（Gypsy）或羅姆女巫（Roman Shuvihani）

羅姆女巫傳統使用簡單的魔法與儀式以馴服大自然的力量以及人類周遭的各元素神靈。

歷史研究指出，羅姆與吉普賽人實際上起源於印度，經由中東世界，最後融入歐洲社會。

羅姆人[3]的占卜與魔法備受仰賴，儘管遭受吉普賽大屠殺浩劫（羅姆人稱之為

「大毀滅」），羅姆女巫仍然保住了魔法傳統。

羅姆人用 shuvihani 稱呼睿智的女人，而這個字的意思與女巫（witch）相當接近。羅姆女巫熟悉各種場合的宗教儀式，例如婚禮與嬰兒祝福，也非常清楚如何使用藥草與魔法占卜。

● 邊境女巫（Hedge Witch）

邊境巫術是一種大自然的薩滿法術。實踐者通常只會被簡單稱呼為「睿智的女人」，因為她們的魔法符合了大自然的精神。

在古老的時代，邊境（Hedge）的原意是指各個鄉村之間的樹籬，而「邊境巫術」呈現了俗世與精神世界的界線。

邊境女巫可以遊走至其他世界。她們的能力強大，足以擔任兩個世界的中介者以及藥草療癒者。傳聞也相信她們能夠行走於黑夜與風之上。她們主要的職責是調節俗世人類與神靈的關係。

某些人認為，邊境巫術延續了古代睿智女人的法術，但亦有一說主張邊境女巫是現代傳統。

無論如何，邊境女巫的身旁一定會有一隻鳥類，通常是烏鴉或天鵝。

• 世襲女巫（Hereditary Witch）

「世襲女巫」是指藉由血緣關係繼承魔法天賦的女巫。

世襲女巫通常出生在魔法家庭，早年就開始學習魔法，善用世世代代傳承的天賦。一般而言，女巫家族不會明文記載家族傳統歷史，少數的例外是記錄在魔法書或暗影之書（你可以在往後的篇幅讀到更多世襲女巫的知識），這些家族史會受到嚴謹的保護，並且傳承到下一代。

然而，世襲女巫通常仰賴家庭成員的言教和身教。每個世襲女巫家族都有其獨特的傳統，大多數也只接納家族成員，並不會成立公開的女巫團。

• 胡毒女巫（Hoodoo Witch）

3 「吉普賽」是歐洲對羅姆人的誤解。當時的歐洲社會相信羅姆人來自埃及，因此稱呼他們是「吉普賽人」（吉普賽是埃及的變音），但羅姆人認為「吉普賽」一詞帶有貶意。

胡毒、召靈與尋根是非裔美國人和美國原著民的民俗醫療與魔法。

胡毒是一種自然療癒魔法，大幅仰賴非裔美國人的民俗療法與信仰，並且揉合美國原住民的草本知識與歐洲民族故事。胡毒與巫毒不同，後者是一種宗教。

我相當欣賞史蒂芬妮・羅斯・博德（Stephanie Rose Bird）的《棍棒、石頭、樹根與骨頭》（*Sticks, Stones, Roots, and Bones*）。這本書清楚地描述了製作胡毒護身符的基礎原料。護身符用來保佑人與人之間的關愛、繁榮、保護或幸運。你也可以在往後的篇幅讀到更多相關知識。

胡毒女巫認為藥草、樹根、礦石、動物肢體、個人物品與體液都帶有魔力，並且善於利用各種不同的魔法。

• 廚房女巫（Kitchen Witch）

廚房女巫非常務實，善於使用自然元素，崇敬古神與大自然。

廚房女巫通常是療癒者，在社群中備受尊敬。過了更年期之後，她很容易成為社區的「睿智女性」，因為廚房女巫的豐沛知識將會受到尊敬與愛戴。

廚房女巫善用植物、石頭、花草、樹木、精靈與地精，更重要的是，她在廚房就能施展魔法。她接受了女神的賜予，烹飪食物、製作藥水與療癒藥劑的能力相當傑出，也擁有保護家庭的自然直覺。

廚房女巫不需要儀式工具。調理食物的刀具在她手中會變成製作魔法與藥水的利器。我的奶奶就是一位廚房女巫！

• 女薩滿（Shamana/Shamanka）

Shamana 的意思就是女薩滿或女巫醫，她們的醫療法術取自全球各地異教文化的薩滿傳統。

許多女巫專注修練法術與儀式，但女巫術的神祕之處仍然是薩滿文化。女薩滿（shamana，有時寫成 shamanka）包含許多角色，例如治療者、藥草家、祭司、聖徒、魔術師與老師。她與神靈和植物保持緊密的關係，努力療癒所有生靈。

在儀式期間，女薩滿藉由鼓聲、舞蹈與植物導師的引導，昇華至超凡境界或其他類型的意識變化。

薩滿女巫強調以儀式、藥草、法術、療癒、諮詢、通靈、特殊形式的婚約、啟蒙神祕經驗等方式，照顧更多的生靈。

• 史翠葛瑞亞女巫（Stregheria）

史翠葛瑞亞是義大利當地的女巫傳統，也被稱呼為「古代宗教」（La Vecchia Religione），信徒崇拜人格化的自然力量。

雷文・格雷馬西（Raven Grimassi）在《史翠格之道》（*Way of the Strega*）一書中奠定了現代史翠葛瑞亞女巫的傳統，而格雷馬西的思想可追溯到十四世紀的托斯卡尼女子阿拉迪亞（Aradia）。她的魔法啟蒙了格雷馬西。

但是，這不代表義大利的女巫術起源於十四世紀。阿拉迪亞想要復甦古典女巫術，包括地球、月球與星辰的祕密。

義大利境內開始壓迫農民與女巫時，史翠葛瑞亞的大傳統就此分崩離析，每一個分支守護一個神祕的傳統。

芬納瑞（The Fanarra）：地球祕密的守護者，看管牧草與地球之力。

傑納瑞（The Janarra）：月亮祕密的守護者，看管路娜（月球）的能量與力量。

塔納瑞（The Tanarra）：太陽祕密的守護者，看管星辰的魔法與知識。

時至今日，三個傳統的共同特色是熟悉藥草、占卜、魔法、儀式和近似古老基督教的儀式。

• 泰勒瑪女巫（Thelema Witch）

泰勒瑪是希臘文中的「意志」，也是二十世紀的英格蘭神祕主義者阿萊斯特・克勞利（Aleister Crowley）早期開創的精神哲學之道。

克勞利是一位詩人、作家、登山家、魔術師，也是祕密宗教社團「黃金黎明的神祕諭令」的成員。

他創造了魔法（magick）一詞，主張魔法是「依照個人意志創造改變的科學與藝術」。他刻意在傳統魔術（magic）上加入 k，正是為了強調自己的魔法著重紀律，有別於常人認知的徒手魔術與舞臺魔術。

泰勒瑪女巫的儀式（即「魔法」）是一系列預先決定的行動，主旨在於完成特定的使命，其中包括身體的姿勢、詠唱、禱語、構思和冥想。

實踐者在神聖的木叢或室外執行魔法和儀式，也可以在室內打造聖殿，能夠獨自進行，亦可參與團體。

泰勒瑪女巫也會使用蠟燭、焚香以及魔法工具，例如法杖、杯子、匕首或五芒星，取決於儀式需求。所有的元素都是用來記載實踐者想要創造改變的決心。

• 傳統女巫（Traditional Witch）

傳統女巫術的重點是前基督教世界的古典方法。她們通常鑽研歷史，精進技藝，藉此創造魔法的基礎。

傳統女巫較不熱中參與女神或神靈崇拜，更喜歡凝視精神世界的浩瀚景致。她們通常會召喚祖先或地靈，協助自己施展魔法。

傳統女巫可以善用月球週期、星體象徵與循環、符文印記與藥草。她們讚美土地與先祖，欣然接納光明與黑暗。她們使用驅逐與退敵咒語，不相信威卡教派的「三倍法則」（threefold law）或威卡戒律（Wiccan Rede），準確來說，傳統女巫並不是威卡教派的信徒。但是，傳統女巫仍然謹慎決定施展魔法的時機，也會完全承擔後果，無論是療癒、迷惑或驅逐咒。

傳統女巫相信世界共分為三。

地下世界：死人的居所，他們正在等待重生，或者選擇留在地下世界，這裡也有死後無法昇華的靈魂。

中土世界：人類所處的一般世界。

上層世界：昇華後的神靈與靈魂，不再需要肉身，或者一開始就沒有身體的靈體。

什麼是威卡教派？

所有現代的女巫術，特別是威卡教派，都要追溯到傑拉德．加德納，因為他奠定了加德納教派的女巫術。

一九三九年，加德納宣稱，高等女巫桃樂絲克勞特巴克（Dorothy Clutterbuck）在英國新森林賦予他教派職權，他開始書寫自己對古典異教女巫術的詮釋。一九五四年，加德納出版《現代女巫術》（*Witctcraft Today*），一舉奠定了威卡教派傳統。

朵琳．瓦利提（Doreen Valiente）與威卡教派的「碧昂絲化」

加德納在生涯初期曾花費多年旅居遠東，觀察當地原住民的生活與精神信仰。威卡教派的傳統反映了加德納旅居時的所見所聞。

事實上，許多人質疑他獲得高等女巫的承認，猜測他只是深刻地受到個人經驗與古代祕傳儀式典籍的影響。

無論如何，更多人（包括我）非常珍惜高等女巫朵琳．瓦利堤的努力。她讓威卡教派著重女神。我認為瓦利堤是威卡教派最重要的人物之一。她以文字記錄威卡教派的諸多儀式，努力促成一九五一年七月二十九日的女巫解禁。長達兩個世紀以來，女巫術一直被視為非法行為。

加德納詮釋了古典儀式，但瓦利堤是那個時代的碧昂絲。她書寫了《女神之責》（*Charge of the Godness*），時至今日，幾乎全球各地的威卡教派信徒和異端儀式仍然沿用了瓦利堤筆下充滿詩意的祈禱語。除此之外，她也在加德納奠定的女巫傳說架構上，增添了更多活靈活現的血肉，讓現代女巫術不只符合邏輯思維，更加情感充沛。

坦白說，我認為瓦利堤就是女巫界的畢昂絲。她讓威卡教派可以迅速廣泛地流傳，甚至深入全世界的各個角落。

朵琳真是個狠角色！

威卡教派的精確定義是什麼？

威卡教派是組織縝密的現代宗教，其基礎是古代的女巫術傳統，崇尚自然與「生命最終極的能量」。威卡教派相信，這份能量創造神與女神，裨益男性和女性的生命。

威卡教派認為，神與女神（取決於你的信仰）擁有不同的名字，因為威卡教派崇拜的神與女神也包括了其他神話思想與萬神殿，例如印度教、埃及教、佛教、古希臘神話、蘇美神話和基督教，也會慶祝每年周而復始的春分、夏至、秋分和冬至。

威卡教徒的基礎生活原則有二：

1. 威卡戒律：「汝當依循意志而行，不可傷人。」因此，威卡教徒可以自由地使用魔法，前提是不可傷人。

2. 三倍法則：行善帶來三倍回報，作惡亦將導致三倍懲罰。

顯然的，威卡教派的內涵豐富，我也不可能一言道盡威卡傳統。我們應該強調其相似處。

首先，所有威卡教派的傳統都相信，女巫術是原住民的傳統民俗魔法、療癒術與醫學，女巫就是分享智慧的智者、療癒者與醫師。克勞利、加德納和亞歷山大所奠定的威卡傳統較為新穎，多半具備結構嚴謹的靈修方法，但仍然保持威卡教派最核心的思想與元素。

威卡女巫在人生道路上學習的知識，將會形成信念，成為最具個人特色的魔法實踐。其中一些女巫選擇加入了威卡教派，另一些則否。同樣的，還有一些女巫欣賞加德納創造的女巫術傳統，但另一些則更傾向於獨自靈修，走出自己的路。

女巫究竟是什麼？

感謝女神，我們其實無法找出一言以蔽之的答案。

每個女人都是女巫，無論她是否察覺了自己的真實身分。

為什麼她們是女巫？因為她們的生命周而復始，她們充滿力量，欣然擁抱大自然，藉此療癒自我與周遭社會。

換句話說，女人就是最棒的魔法。

然而，我也明白，在拍賣網站上購買大鍋爐，口裡喃喃唸著法術，不會讓你變成真正的女巫。收集各種華麗的名號與學位，完成女巫圈的入會儀式，同樣無法讓你成為女巫。

因為，成為女巫的關鍵不是你的行動，不是法術、儀式或典禮，而是你面對人生的姿態。

在內心深處，你究竟是什麼樣的人？

我從來不用任何特定的名號描述自己的巫術，因為我受到許多文化的薰陶，學習多元的知識，見證許多睿智的女人、女巫與療癒者傳遞的關愛。

我一直都在閱讀女巫書籍，熱愛其中的某些作品，但也害怕某些特定書籍。

但我如何評價這些書呢？我不評價。

我多方嘗試。我捫心自問：「這是真正的女巫精神嗎？」

我用心靈、內在與靈魂仔細感受，最後讓直覺引導我。

請你不要相信任何書，甚至不要相信這本書，也不要相信我，你只需要相信自己。

我是女巫

我是女巫，我相信地球是神聖的，女人與她們的身體，證明了地球的神聖。

——史塔克（Starhawk）[4]

我是女巫，我施展法術，在碩大的滿月之下嚎叫。

我是女巫，我慶祝女巫聚會，我熱愛螺旋之舞（Spiral dance）。

我是女巫，我研究過去的睿智女巫，理解她們奠定的道路。西貝爾．利克（Sybil Leek）、瑪麗亞．路佛（Marie Laveau）、多琳．瓦利堤以及史塔克，感謝妳們的付出，我愛妳們。

我是女巫，我相信女巫強大的靈魂中蘊藏著智慧。

我是女巫，我坐在奶奶的大腿上，她穿著圍裙拾揀藥草，輕聲細語地對剛完成的藥劑唸出咒語。

我是女巫，我的力量來自於女神，我善用我的力量。

我是女巫，我可以讓地球的力量從地面升起，也能夠讓月球的力量從天而降。

我是女巫，我善用自然之母的力量與週期，創造且實現生命、夢境與願望。

我是女巫，我因為羞恥心而遭到焚燒，我用我的熱情點燃其他人的生命——在某個時間與地點，我曾被綁在柱子上接受火刑。

你是哪種女巫？

當代的女巫術建立在西方世界已經遺忘、埋葬、壓抑且敗壞的古老傳統。這些傳統屬於逝去的女巫。女人已經甦醒了，我們想要找回古老的傳統，讓它們與現代世界息息相關。但是，現代世界讓女人覺得自我疏離、彼此陌生、不了解身旁的地景，我們又怎麼能夠聽見地球和女神的啟示呢？

---

4 史塔克是美國作家、教師與社會運動者。她以新女性主義異教運動和環境女性主義而聞名。她的作品《螺旋之舞》（*The Spiral Dance*）是一九八〇年代最重要的女神運動推廣書籍之一。

我的應對之道就是：保持平靜。最理想的情況是待在自然環境中。請你珍惜並且擁抱「平靜的力量」。不需冥想或構思，只要靜心，放鬆身體，讓思緒與神經平靜。放下喋喋不休的話語與匆忙的生活瑣事，開始理解自己，認識真正的自我。

在自然環境中靜心更好。在平靜之中，你會聽見耳語，來自女巫力量泉源的耳語。女神、自然、樹木和花朵想要向你說話。

在自然世界裡，你更容易想起真實的自我。如果你開始回憶先祖，就會看見她們和諧地居住在自然週期。問題是，我們已經疏遠了大自然，所以你血脈裡的聯繫正在請求你重回大自然，把你的背靠在樹木上，雙手抱住樹木，靜下心來。

順從內心的渴望

說出真相。你的靈魂熱愛真相，你應該立刻開始了解關於自己的真相，請記得，你必須保持平靜，才能傾訴真相。

一般而言，當你四處奔走，忙東忙西，很難知道自己真實的感受。有時候，你覺得自己應該快樂、應該悲傷、應該如此、應該這般……

忘了「應該」吧！你真正的感受是什麼？

傾聽身體的聲音

你的身體會說出真相。如果你和某人聊天時頭痛欲裂，又或是身體脫水，可能就是身體正在對你表達「此人不好」或「這段對話不好」。

你能夠從這裡開始練習相信身體與直覺——它們會說出真相，請你無時無刻傾聽。

你可以拿起一顆水晶、珠寶或衣服，感受你的能量是否提高，還是因此變得消沉？在不同的地點，對著不同的人事物開始練習，理解真相。

你愈欺騙自己，就愈難掌握女巫的力量。

不要欺騙自己

戰勝恐懼。

如果你已經陷入恐懼，想要戰勝它確實不易。

你可以表達恐懼，替恐懼取名，就能馴服並且扭轉恐懼。

我最大的恐懼一直都是：「如果我說出真相，他們不會接受我。」大聲說出恐懼很重要，然而，正面對決恐懼並且翻轉它，將會徹底改變一切。

我將恐懼翻轉為：「他們才應該害怕我不接受他們。」

坦白說，在大多數的社交場合，這就是最真實的情況。

每一次舉辦公開演講或參加新的社交場合，只要我害怕自己遭到批評或排斥，就會用這個方法戰勝恐懼。

你可以扭轉一切

另外一個方法是捫心自問：「最糟糕的情況又是如何？」

我們可以放膽想像。

最糟糕的情況會如何？

許多站在光明面的工作者沒有想像的勇氣，因為他們認為自己必須保持積極，才能吸引更多正能量。

但女巫不會贊同他們的想法。

如果你想像過最惡劣的情況，代表你已經面對它，感受它，也就能正面迎戰並且力爭上游。

運用語言文字的力量

如果我們呼喚某位神靈的名字，只有祂會回應，其他的神靈不會。

當我們替某個事物取名字，就能讓我們得到戰勝它的力量。如果我們替恐懼取名，就可以開始觀察並且克服恐懼。

慈悲為懷（但不能允許別人胡作非為）

請你慈悲地對待自己與他人。倘若你使用如此珍貴的能量，卻是拿來批評自己，或者浪費時間與貶低自己的人相處，讓你自我感覺不良好，那麼你只是在浪費這股力量。

請記得，身為一名女巫，最重要的第一法則就是「擁有力量」。全世界擁有力量的人都很慈悲，但他們不會犧牲自己。他們可以在自己與他人身上看見美好。

如果你不支持自己，就無法支持別人。慈悲不代表來者不拒。你可以慈悲為懷，但同時清楚地表達自己的是非標準。我推薦你經常練習「心懷慈悲，且是非分明」。

我每天都會如此提醒自己。

留心注意周遭的文化

所有文化都有自己的民俗故事、魔法與魔法儀式。如果不熟悉血脈中的傳統，你可以請教家人、追溯家族傳統，或是詢問關於阿姨或祖母的問題。

倘若她們已經不在人世，你可以在夢境裡當面請益。睡前，請你在日記本裡寫下特別希望她們回答的問題，或者大聲地召喚她們。

以上是我個人的做法。

無論你採用何種方法，都是為了熟悉你的家族與文化傳統。無論薩滿、史翠葛瑞亞、阿塞圖等文化傳統多麼吸引人，我一向建議讀者熱情投入之前，先「在家」熟悉自己的文化。

如果你非常喜歡特定的文化傳統、神靈或靈修方法，我並不是阻止你順從內心的渴望。

有時候，我們只是不熟悉周遭環境的民俗故事。例如，我雖然住在英國，但我出身游牧民族，幾乎完全不清楚凱爾特和英國的女巫術傳統。相反的，我深受古代馬爾他女神、時母迦梨、抹大拉的馬利亞、馬雅文明中的祖母神話人物和其醫療魔法的吸引。

如果你覺得自己受到召喚，想要探索特定的地點、文明傳統，理解特定的女神，也許是因為你在另外一次的生命輪迴裡屬於該傳統。假如荷魯斯之眼（Eye of

Horus）[5]符號的珠寶召喚你，很可能是因為它在發出訊號，要你理解埃及文明與神靈。

我建議每個人都應該心懷尊重，開放心胸接受各式文化的教育洗禮，勇於提出問題，並且深刻敬重所有文化的原住民、傳統與魔法實踐。

尊重並且追隨一路上的暗示

你可以在月光下思考，用手觸碰水晶，或者握著它，感受它的質地。也可能可以與花朵交談、製作符文、收集貝殼，赤腳行走在土地上，買塔羅牌。

女巫術會讓我們感受最自然原始且充滿活力的靈魂內在；因此，你應該找到讓自己感受最好的方向，勇敢地向前邁進。

如果你嘗試了某個選項，感覺不甚良好，可以立刻轉換方向。適合別人的傳統，不見得適合你。立刻改變吧！女巫術並沒有對錯之分。

創造你的方法

你可以走入大自然，開始用心感受「樹的感覺」，感受它的樹根正在深入土地，它的枝芽伸展在天際，讓你實際進入樹的感受世界。

你也可以感受鳥兒、海洋和雨雲。

如果你不曾如此嘗試，肯定會認為與自然萬物溝通實在太瘋狂了，我很清楚，但請你務必一試。

我挑戰你的勇氣！請你明白不再孤獨的感受，記得你反映了自然之母。你、我和女神都來自同一個本源——我們絕不孤單。

你已經明白了。

請記得，你需要的一切，早已在你的心裡。

5 荷魯斯之眼又名真知之眼，從古埃及時期流傳迄今的符號。荷魯斯之眼來自鷹神荷魯斯，右眼象徵太陽之力，可以遠離痛苦，戰勝邪惡，左眼是殘缺之月，能夠分辨善惡、保衛健康與幸福。

成為一名真正的女巫之後，你不需要別人的答案，你甚至不需要這本書。

這本書只是指引，讓你想起一切。我在書中分享的所有文字與儀式，也只是鼓勵且協助你找回自己的力量。

但你早就知道了，對吧？

第三章

我的故事

吉普賽人、瑟拉．拉．迦梨和重啟女巫之路

第一次呼喚自己的女巫之名，乃是我生命中最充滿魔法的時刻。

——馬格特．艾德勒（Margot Adler）

我並不是真正的吉普賽人。

沒錯，根據我的族譜，我確實來自於吉普賽族，但我從未跟著商隊或家人游牧旅行。我的奶奶經歷過那樣的年代，她從愛爾蘭南方遷徙，定居至英國南岸，也就是我出生的家園。

我和大多數人一樣，熱愛吉普賽人的浪漫傳說，他們駕駛彩繪塗裝的小貨車四處旅行，耳朵上掛著斗大的耳環，還能解讀塔羅牌。

但真正的吉普賽人與浪漫傳說有些出入。

身為吉普賽後裔，大家常常說我很「漂泊」。

身為吉普賽人，我不太能融入社會，與生俱來地強烈認為自己不受歡迎——在學校的遊樂場如此，在社交圈亦如是——這就是我的日常生活。

吉普賽文化的傳統女孩子十三歲之後就不太會上學了，但我非常著迷閱讀。事實上，我的叛逆就是想要全心全意地學習，於是我念了大學。

當時，我的奶奶是廚房女巫與羅姆女巫的混合體。人們到她家，請求她製作藥劑或施展治療魔法，詢問她的意見，奶奶也會用茶葉占卜。基本上，奶奶就是我們社區的神喻者，每個人都相當敬畏她。

吉普賽人可以通靈，也能詛咒或祝福人生旅途上相遇的朋友。這也是該族群最大的特徵。有些人認為，這是吉普賽人與生俱來的能力，世世代代的通靈者與療癒者經由血脈傳承。我完全同意，但也相信吉普賽人的生命本質意味著他們可以自然地發展特有的能力。

我很年輕的時候，媽媽曾教我仰望夜空，理解地球與自然之母的匠心。她讓我學會如何使用女薩滿的角度觀看世界（但她從來不用「薩滿」這個字）。

我們白天觀看雲朵，晚上替星辰取名。當時我不曉得媽媽正在教導女巫術的第一課。

媽媽告訴我，萬事萬物都有「徵兆」。我最喜歡的例子是喜鵲。一隻喜鵲代表惡兆，兩隻喜鵲象徵喜悅（我用電腦打字輸入這段文字時，剛好看見辦公室窗外的街燈上站著兩隻喜鵲，我可沒在開玩笑！）

我知道自己的生理週期直接反映了自然之母的死與新生，因為我曾目睹經歷了一切。

我知道詛咒與祝福是真的，因為我親眼看見人們受到詛咒與祝福，或者賜予詛咒與祝福。

我知道算命和占卜有用，因為我一再看見預兆成真。

我見證、感受並且聆聽神靈的存在。

這些都是我生命的一部分。

然而——和媽媽一樣——我曾放棄自己的生命道路與血脈繼承，還有我的魔法和預視天賦。

為什麼？

因為我厭倦了「吉普賽青少年」的身分，我想成為融入人群的一般青少年。我渴望聆聽流行樂並與男孩熱吻。

我放下偏執，再也不想學習媽媽的所有魔法之後，她鬆了一口氣，將我轉學至另一間學校，鼓勵我放棄家族傳統，接受正常人的教育。

為了追求徹底的「平凡生活」，媽媽離開了我和爸爸，與另外一位男士結婚，他可以讓媽媽得到夢寐以求的中產階級平凡生活。

青少年時期，我很少見到老媽，但她和爸爸都支持我的古怪個性。我決定長大要當記者，替青少年雜誌採訪男孩樂團，也在週六早上播映的電視節目裡工作。

我熱愛我的生活，也擅長這些工作。生命瞬息萬變，樂趣無窮。

但是，我與自己的身體疏離、與大自然疏離，也沒有與任何事物產生親密的聯繫。

我的私生活不好，酗酒、少眠且暴飲暴食，甚至討厭自己的身體。我總是用盡全力完成目標，想要讓人喜歡或尊重我。

但是，背棄家族血脈的同時，我也放棄了魔法，並未繼承女神賜給女人的力量。神聖的女神——我稱為「祂」，用「子宮內膜異位」和「多囊性卵巢綜合症」讓我體驗痛苦的烈火。

祂在我的子宮內創造了痛苦與疾病，強迫我重新評估生命中的一切。

我太痛苦了，無法繼續工作，也在生理期時流更多血。

我的生活變得血腥不便。

我現在終於明白，那些痛苦是為了呼喚我回到真正的家、我的身體、我的魔法與始源。我終於明白這些事物的真意與寓意了。

你可以在我的另一本著作《熱愛你的女性景致》讀到更多的細節。總而言之，我因此開啟了一段旅程，重新連結、回憶且敬祀女神。

一切都是為了祂。我重新找回了自己的源頭、力量與魔法。

就在這個時候，奶奶離開了人世，她的靈魂不再受到身體的束縛。以女巫的角度而言，世間的萬事萬物沒有任何巧合。

這是幾年前的事情了，至此以後，奶奶經常在夢中與我交談。她讓我看見過去我們一起製作的藥草和茶，甚至給我一張清單，列出各種藥草，可以製作舒緩生理期疼痛的茶，以及減少身體燥熱和神經緊張的藥劑。

夢境中的啟示不但讓我開始探索自己的吉普賽始源，甚至好奇地思忖身為女巫的意義。

奶奶和老媽都留下了手札，有些女巫認為這是「魔法書」，裡面記載了藥草配方、夢境與咒語，我還在努力破解其中的內容。我開始狂熱地學習英國南岸當地的女巫與女巫團。我推薦各位讀者務必閱讀西貝爾・利克以及多琳・瓦利堤的每一本著作，她們都是影響力甚鉅的英國南岸女巫。

我也得到了女神的祝福，能夠與熟悉馬雅醫療和義大利史翠葛瑞亞女巫的姊妹們一起學習、練習魔法。

然而，我終究要回到自己的始源，因為吉普賽傳統使用單純的咒語與儀式，讓我們周遭的自然之力與元素神靈達到和諧。吉普賽人相信，人與神靈（神、女神、靈魂與奶奶所說的「萬物之始」或「力量之源」）之間不需要任何媒介。

我也如此相信。

我竭盡所能地保持單純，我個人相信這是正確的魔法之道。

認識瑟拉・拉・迦梨

瑟拉・拉・迦梨（Meet Sara La Kali）是吉普賽的愛國聖徒，奶奶將迦梨的畫像表框之後掛在走廊上，她也是我心中的聖徒，我向她耳語、尖叫、呼喚、哭喊或全力唸出祈禱。

有些人相信迦梨，黑皮膚的瑟拉，是耶穌和抹大拉的馬利亞之女。

另一些人認為，瑟拉是「馬利亞的使徒」，包括抹大拉的馬利亞、馬利亞·沙樂美（Marie Salome）和馬利亞·雅各賓（Marie Jacobe）[1]。耶穌復活之後，三位馬利亞從巴勒斯坦前往法國南方海岸，瑟拉在旁服侍。但是，福音書或早期的朝聖傳說並未提到瑟拉之名。

在另外一個傳說裡，瑟拉是吉普賽女人，學習了族內的祕傳法術。她居住在法國的卡馬格（Camargue）地區，迎接三位馬利亞上岸。

瑟拉並未留下任何聖物。

瑟拉也不是天主教官方承認的聖徒，但法國的海濱聖瑪麗（Saintes-Maries-de-la-Mer）當地教堂裡可以找到瑟拉的人像。她備受吉普賽人的愛戴，每年的五月二十五日是瑟拉的紀念日。全球各地的吉普賽會到海濱聖瑪麗表達對瑟拉的尊敬。

她的人像放置在教堂的地下室，外表猶如黑皮膚的娃娃，毫無威嚴。每一年的紀念日，吉普賽女人會準備彩色的長袍，替瑟拉人像穿上。

瑟拉紀念日期間，尋求療癒和祝福者會觸摸瑟拉的裙擺，在她的脖子上披上圍巾，贈送花朵，點燃蠟燭，感謝過往的奇蹟與應驗的祈禱。朝聖者以吉普賽祈禱儀式表達敬意，在她的腳邊設立燭火。

黑皮膚的瑟拉連結了抹大拉的馬利亞和黑色聖母。瑟拉的皇冠也有象徵意義，上面嵌了十三個珍珠，代表月球的週期，每一顆珍珠都是阿芙蘿黛蒂和馬利亞的神聖珠寶。

為了榮耀瑟拉，朝聖者在人像腳下點燃了數百根蠟燭，讓皇冠閃爍無比溫暖的光芒。

尊敬瑟拉的男女虔誠地排隊，輪流與瑟拉相處。他們伸手觸摸瑟拉的長袍，親吻她，留下逝去愛人的照片，甚至在瑟拉的長袍上黏貼願望紙條與小裝飾品。

親眼看見瑟拉的經驗撼動了他們的情感。

長者騎在白馬上，將瑟拉人像帶出教堂，行經鋪滿玫瑰的道路，前往海岸。穿

1 馬利亞．沙樂美是耶穌的女性門徒，四福音書曾提到她的名字，在馬可福音裡，沙樂美見證了耶穌之死。天主教傳統認為，馬利亞．沙樂美、耶穌之母馬利亞和馬利亞．雅各賓合稱為三馬利亞。

著傳統服裝的吉普賽人把她浸入海水，朝聖者寄託的問題也將隨海水遠去。

所有人都會走入海中，洗淨自己的問題。他們以海水進行淨化儀式。

這樣的儀式與印度教傳統相當類似。重大宗教節日的法會完成之後，印度人將神像或女神像浸入恆河（但海濱聖瑪麗的信徒把瑟拉人像帶回教堂地下室）。

有些人認為瑟拉・拉・迦梨是印度死亡女神迦梨的另外一種形式，而後者就是我的女神。

在梵語和羅姆語中，「迦梨」的意思就是「黑色」。時至今日，許多歐洲吉普賽人仍然繼續使用羅姆語。

我傾向於相信，為了安撫天主教會，迦梨隱藏了另外一個故事——神聖女神迦梨的故事。

吉普賽人當然不能若無其事地向天主教人員說：「對了，我們把吉普賽的死亡與毀滅女神藏在你們的地下室！」然而，最黑暗的世界往往能夠深入最深刻的領域，神聖的迦梨女神就是在地下室裡變得堅強茁壯。

曾經有人告訴我，瑟拉是貴族後裔（甚至有人說她就是傳說中的聖杯，這又是另一個故事了）。她知曉且傳遞伊西絲神殿的祕密、儀式和神話，就像抹大拉的馬利亞所有的學生。

我認為她是耶穌和抹大拉的馬利亞之女，也清楚地象徵了所謂的「母神」，即主掌創造的女神。無論早期的暗黑女神之名為何，迦梨、希栢利、伊西絲或其他名字，其實沒有太大的差異。

對我們來說，瑟拉・拉・迦梨就是吉普賽人的母親。

我和先生（他是維京人）就是在五月二十五號的迦梨紀念日定下婚約。我們甚至用海濱聖瑪麗的海水潑灑彼此。

迦梨的療癒能力相當聞名，也指引人類的商業決策，甚至可以洗淨過去的錯誤（壞習慣、不好的前男友、糟糕的運氣——諸如此類）。如果你覺得生命遭到阻礙、面對可怕的敵人或某人正在對付你，迦梨就是你的救星。

你也可以向迦梨祈求好運、生育、療癒和經商成功。

基本上，迦梨就是狠角色。

如何向迦梨致敬

你需要的物品：紅色蠟燭、玫瑰精油

祈禱方法：你可以在紅色蠟燭上塗抹玫瑰精油，向迦梨致敬或祈求願望。你也可以在連續三個滿月之夜唸出以下禱語：

瑟拉，你是全球漫遊者和吉普賽人的聖徒，我希望能找到你。

我想將心事、悲傷額喜悅託付給你。

瑟拉，請你來到我的身邊。

你可以書寫或高聲喊出，也能輕聲將自己的心願告訴迦梨，請求她的指引。迦梨相當照顧迷失的人。我們總會在人生的某個時間點迷失自我。有迦梨的幫助真的很棒。

重返女巫術

我稍早曾說過，想要成為女巫，不需要任何頭銜或認證，這句話千真萬確。但

是，在二〇〇八年，我拋下自己的家族傳統，探索新的女巫之道，一心一意只想正式重返女巫世界。

我想要取回原本屬於自己的一切，包括身為女性的力量與權威。我並未尋找任何女巫團的高等女巫，請求她給我頭銜或證明我的身分。相反的，我創立自己的女巫團。

我讓自己重返女巫世界的方式，與女巫迫害者的虐待屠殺方法一模一樣。

我赤裸地浸泡在聖泉之中。

不是隨處可見的聖泉，而是英國格拉斯頓的白泉。

白泉位於蓋世聖丘的子宮地帶。聖麥可塔（St. Michael Tower）驕傲地座落於美麗的山丘頂端，守護著這塊大地。許多人相信這裡就是阿瓦隆[2]。

重返女巫世界之前，我花費三年往返格拉斯頓，這裡是一座英國市集小鎮，也

---

2 阿瓦隆是亞瑟王傳說裡的重要島嶼，代表威爾斯極樂世界，又名「天佑之島」。傳說認為，阿瓦隆被沼澤、樹林和迷霧籠罩，只能搭船前往。阿瓦隆是來世與死後的世界，亞瑟王喪命之後安葬於此。

是全世界精神靈修者的朝聖地，充滿了神祕的神靈傳說。

住在格拉斯頓的朋友邀請我到此處居住，修養身體，療癒受創的子宮（約翰和雪莉，我永遠感謝你們在那些年提供的聖所）。

格拉斯頓的大街開設了許多女巫術、靈修與新時代運動的商店，但你無法在商店裡找到真正的女巫魔法。因為魔法蘊藏在女神的地景。

我相信白泉是魔法的核心。

人們在女巫聚會及四季遞嬗之際群聚在蓋世聖丘的子宮地帶，一起歌唱、打鼓和祈禱詠唱。馬克斯和麗莎是當時的水井保存者，也是最棒的吟遊詩人與故事述說者。他們分享了四季與土地之神（女神）的故事、詩以及歌曲，七月的一個早晨，我決定用浸泡泉水的方式，讓自己重返女巫世界。我之所以採取這種方法，就是為了挑戰當年的迫害者。他們控訴無辜的女性，認為她們是女巫，把她們浸入湖水。如果她們死了，迫害者就能名正言順地說她們根本不是真正的女巫，否則必然可以倖免於難。

白泉是一座暗不見光、必須使用燭火的水井之屋，蘊藏豐碩的魔法與回憶。一座七英尺深的水井位於屋內的西北隅，我當時不知道多深。石牆猶如山崖般圍繞渾圓的井口。美麗的黑色聖母像守護這座井。

我的朋友約翰是當地的水井守護者（守護者支持保存者，共同保護水井）。他特別同意我前往水井。我們一起點燃蠟燭，他關上門，讓我獨自待在蓋世聖丘的子宮地帶。

我脫下衣服，只留一條黑曜石項鍊。當天稍早，我聽見召喚，決定購買這條項鍊。它象徵我的女巫身分，也是脖子上的護身符，吸納了當時發生的所有魔法。

我試探性地爬上水井旁的石牆，站在那裡凝視黑色聖母像的雙眼，她是我的暗黑之母。我向她詠唱禱語，也就是基納．加蘭德（China Galland）在《渴望黑暗》（*Longing for Darkness*）裡獻給聖母的讚美詩：

> 唉，我不明白神祕的詞彙與符號，也不清楚如何歌頌你、歡迎你、思索你，無從讓你知道我的痛苦。
>
> 偉大的母親，我明白一個道理，只要在你體內安息，就能摧毀所有的悲傷。

（事後回想，老媽離開人世的那天，我絕對不是因為巧合，才會重新閱讀加蘭德的書，背後一定有原因。我在夜裡為了母親的死而哭泣，想要讀書獲得安慰，翻開書本，立刻就讀到這段禱語。）

我坐在古井的邊緣，感受到自己的極限。

我在一個漆黑的洞窟裡，眼前就是黑色聖母像，我要躍入黑暗之中。

父權社會將我的力量，以及家族裡所有逝去女性的力量壓抑在黑暗深處。

「我不怕黑暗。」我大聲對自己說。我向女神表達決心。

我已經準備好了，我要取回力量。

我滑下古井邊緣，並不清楚古井的深度，全身徹底地浸入井水。過往回憶立刻浮現在眼前。

我聽見尖叫與痛哭，想起自己為了說真話而被割掉舌頭，但我終究浮出水面，因為我是一名女巫。我凝視著黑色聖母，她對我耳語說：「妳可以安然地擁有力量。」

我可以安然地擁有力量。

你可以安然地獲得力量。

自此之後，我反覆地啟蒙自己的女巫術。我選擇的女巫啟蒙方法包括在火焰中行走，使用薩滿、植物導師與蛙毒醫療術。

馬雅的奶奶們也曾教導我學習子宮的智慧。三十二歲的時候，我學會了如何以儀式慶祝自己的月事。我獲准進入馬爾他的巨石廟，找回自己的力量。

除此之外，我也體驗了其他的女巫啟蒙儀式，例如雙親在一個月之內相繼過世。事實上，我所有的家人在十八個月之間都離開了人世：老媽、爸爸、兩位舅舅、三個阿姨和一位表親，他的年紀和我相同。

我從「那個世界」理解生命，失去、痛苦、墮入深不見底的永恆黑暗，我再也不認為自己會回到正常的生活。更重要的是，雖然我的感覺就像被丟入火焰、壓在水底，無時無刻都認為自己被埋葬了，但我仍然不想回到正常的生活。

因為火焰並未毀滅我的身體，深水不曾讓我淹死，我更不曾因此窒息。

我確實死了。

我的過去已經死了，然而，每一次的女巫啟蒙都讓我的內心獲得些許重生，我的力量更勝以往。

第四章

她的故事

偉大的母親、父權結構和獵殺女巫

為什麼我們必須想起自己曾擁有力量？
為什麼我們會遺忘？
為什麼我們會反覆地記得又遺忘？
為什麼我們現在必須喚醒且重拾女巫的力量？

父權結構

請注意，我探討父權結構的目的，並非為了貶抑男性或基督教。只要你仔細聆聽，就會發現男性和女性都被父權結構擺弄了。

我希望分享自己的想法，回應一些有關女性、女巫以及獵殺女巫，似是而非的觀點。

我的想法不是知識方面的探討，而是關乎於「感受」，完完全全的感受。而你也會有此感受。

只要簡單地觀察、研究與探索歷史，就足以改變你的想法，更何況歷史經常是「男人的歷史」（His-story）。

或許當時的人記載了史實，但寫下歷史的男性，究竟懷抱何種企圖？

請記得，直到十九世紀之前，女性通常不被允許書寫。女性開始爭取參政權之後，代表她們希望與男性平起平坐。她們要求參與文化論述、表達意見並且訴說自己的故事（我向她們致上敬意，也想和她們擊掌喝采）。

然而，女性參政運動之前，歷史永遠都是男性的故事，在大多數的情況下，勝利者撰寫歷史，誰贏得獵殺女巫之戰呢？

當然不可能是女性。

因此，獵殺女巫的歷史由男性所書寫，他們的目標是維持教會的優越地位，壓制民間的人際關係、社群與智慧共享。

當我們思考男性的歷史，思忖歷史的意涵，分享彼此的想法，就是在創造新的歷史觀點。我們的觀點，根據不同的思想、情感與信仰，將會改變既定歷史。

時至今日，雖然許多人已經察覺媒體持續地操弄人心，想要追尋真正的事實依然無比艱難。

電視公司背後的贊助商與老闆控制了媒體說故事的方式。各國政府希望（且需要）我們相信特定的價值觀，並以此作為行動標準。我們接觸的每個故事，都會沾染敘事者的個人觀點與色彩。

包括我的故事也一樣。我希望坦承地面對讀者。我寫作此書的意圖很單純，那就是我希望你可以收回身為女性的既有認知。

身為女性，過去三千年來，我們的歷史遭到修改、被迫沉默和壓抑，甚至被焚燒殆盡。我們應該要挑戰且質疑一切。

我邀請你一起思考，你曾經聽聞的歷史行動背後，究竟藏著什麼樣的真相？

請你用心傾聽世世代代傳承的創傷與因果循環，它們藏在你的細胞裡，不停地訴說真相。

請你找出內心呼喚的真相。

真實的女性故事

近幾百年來，我們生活的社會一直不尊重女性，對女性也沒有愛，然而過去的時日可不是如此。

在過去，「女巫」和「睿智的女人」、「療癒者」，這三個詞可說是相通的，都能夠描述完全經歷流血歲月的睿智女性。多年來，她經由每一次的生理週期累積智慧，找到了自己的力量寶座，開始傳遞古代知識。

女巫／巫婆（hag）曾是指「拒絕臣服或服從父權社會要求」的女人。她們是意志堅強的狠角色。

到了現代社會，雖然巫婆和女巫擁有許多優秀的特質，卻被貶損為不受喜愛的身分。

為什麼她們不受喜愛？因為獨立、意志堅強與驚人的能力，無法吸引歷史上的男性，這正是父權結構社會的精準定義：男性制訂規則，女性只能扮演「內斂謙虛」和「消極服從」的角色。

但是，如同我方才所言，過去的社會並非一直如此。

偉大的母親

遠在男性的歷史（His-Story）之前，這個世界曾有女性的歷史（Her-Story）在某個時間，一位女人的腹部極其神奇地膨脹，九個月亮在她的雙腿間創造出一位孩子，這是人類見證過最崇高敬畏的女性魔法之一。

女性也能生產食物——從乳房孕育維繫生命的奶水——相當明確地證明她直接反映了自然之母的養育與供給特質。

維倫多爾夫的維納斯（Venus of Willendorf）是最早期的史前藝術作品。這座小巧的雕像是一位洋溢生育力的女性，渾圓厚實的腹部、飽滿的臀部以及鬆軟的乳房。

維納斯像象徵了過去備受崇拜的生育女神，也演化成許多現代女巫熱愛崇拜的多面女神，正是我所說的「祂」。

地中海的馬爾他群島曾是女神崇拜的核心地帶。美麗豐腴的女性雕像，高達十英尺高，象徵著大地之母，驕傲地矗立在馬爾他群島的神殿大門。

古代社會也設立了女性高等祭司，例如古希臘羅馬的阿提密絲和黛安娜神殿、德爾菲神殿裡服侍阿波羅的女神諭，以及英格蘭的凱爾特女祭司。

睿智的女祭司負責守護神聖的知識與祕法。她們擁有許多才能，例如保存四季習俗的神聖之力、療癒、占星、占卜、預見未來、理解未來昔日的始源。

她們也能保護社群成員的精神生活。

她們的知識保存良好，多數藉由文字和詩歌進行口頭傳遞，更著重記憶而非成文記載。更重要的是，正如你對所有靈修組織或神廟的想法，她們的知識分享不牽涉競爭或恐懼，而是偉大的愛與尊重。

數千年來，全世界各地的人共同崇拜偉大的母神。她代表自然和養育、死和新生、暴力和關愛，光明和黑暗。她不只是彼此衝突的兩股極端力量，更是所有神祕的中介事物。她象徵一切，既是男性，也是女性。人類和女神之間的關係如此神聖虔誠，亦是人類生活的指引。

天主教會壓抑我們的女神本質，我們被刻意地禁止與女神聯繫，男性和女性再也無法展現本性，這一切都不是巧合。

父權結構的惡性侵佔，使我們因而失去一位家長——偉大的母神。

她曾養育我們。父權結構與天主教會的主導地位，奪走了她的家長身分。

控制欲強烈、自大、貪財的資本主義霸權

「我們的身體是神聖的」、「我們居處在一個和睦的社群」以及「我們為了愛與服務而努力工作」等想法，無助於資本主義的發展。於是，資本主義決定摧毀一切：用「貪婪」、「控制欲」和「強大的自我」，取代「社群互助」、「情感連結」以及「智慧分享」。

教會、富裕的土地擁有者，還有商人們，想將底層階級的人們變成工作機器——百般順從地為了賺錢而工作，而他們唯一的方法就是把神話轉變成機器。

他們必須偷竊並且鎮壓我們的精神信仰，奪走神聖的成年啟蒙儀式，讓我們疏離所有的「魔法」觀念，否則我們會以為自己擁有力量和自主地位。

失去了母神之後，男性和女性無法順利成長，被迫停留在幼兒狀態，日日夜夜害怕，必須順從聽話，甚至難以承擔責任。

父權社會持續強化其結構，讓我們保持這種生活方式，迄今不曾動搖。

讓我們停下腳步，仔細思考。

女性無法撼動父權結構，其弊端之多，難以一言道盡。我們雖然已經取得了不

錯的進展，但還有好長一段路要走，例如男性本位的傲慢觀點、性別薪資差異、厭女成人影片、一般的成人影片、強迫除毛、暴力……父權社會用盡一切方法，想要讓你認為自己不完美，需要「修復」與「改善」。

父權社會並非一夕之間主宰世界

雖然基督教逐漸主宰全歐洲，但異教徒當時仍有人數優勢。因此，教會決定將異教的神和女神視為基督教的聖徒，異教節日也成為基督教節日。

十二月二十五日就是好例子——十二月二十一日是歐洲的冬至，但教會將十二月二十五日訂為節日，藉此吸收崇拜太陽的異教徒。冬至原本就是異教節日，相較於創造一個嶄新的節日，改變節日名稱與象徵符號更能夠吸收異教徒。

但是，基督教徒建立了自己的教會帝國之後，立刻開始迫害與消滅所有異教元素。

就在這個時候，異教決定躲入地下，其宗教與靈修方法也被指控為「邪惡」。母神遭到強迫，必須服侍耶穌的處女之母——她的「性」被刪除抹滅，教會不需要此元素。她的力量也不再是「自然之母」或「萬事萬物的創造者」，而是男性和男性神靈之間的「無生育力的中介」。

寫作這本書的時候，我和朋友凱莉・安・摩絲在女神的帶領之下旅行，目的地正是蓋世山丘。凱莉是女演員，也是女造物者。我們一起前往「阿瓦隆光環」，這間店位於蓋世山丘的商店大街。我們在店裡發現一尊粉白色的馬利亞雕像，相當骯髒，而且沒有雙手。

我拿起雕像端詳，突然聽見雕像對我說：「妳知道我為什麼沒有手嗎？因為我不想繼續承擔教會的謊言。他們說我『純淨又神聖』。沒錯，我是處女，但我是一名真正的處女，意思是『忠於自我的女人』。如果我們要重拾女巫之名，同樣也要修正『處女』的意義。」我買下此尊雕像，她在書桌上陪伴我寫作。

伊絲塔（Ishtar）、黛安娜、阿斯塔蒂和伊西絲都是處女，但不代表她們「沒有性經驗」——這是基督教想要傳達的想法。相反的，「處女」的意思應該是「性獨立」，也就是忠於自我的女人。

基本上，她們是真正的狠角色。

莫尼卡・惠兒（Monica Sjoo）和芭芭拉・摩（Barbara Moo）在《偉大的宇宙之母：

重新探索地球宗教》（*The Great Cosmic Mother: Rediscovering the Religion of the Earth*）裡強調，處女的本意應該是「自由的女人」，擁有「完整的內在本質」，例如在法律上不屬於丈夫的財產。

事實上，「處女」（virgin）一字的拉丁文原意是「力量與技巧」。馬利亞，妳永遠都是我的女孩伙伴。別擔心，我們一定會讓「處女」這個字恢復正確的意義！

我們也會拿回屬於女性的一切。

教會使用各式各樣的方法鎮壓異己，殘酷地切斷人與自然力量的關連。修改「處女」的詞義，奪走文字裡的能量，全都是教會的手法。

教會的其他手段殘忍懾人，讓社會大眾（特別是女性）迄今仍然懷抱恐懼、羞恥與困惑。

獵殺女巫

教會逼迫母神崇拜轉為地下化之前，生育與女性之間的獨特關係——月事之血和生理循環——向來備受崇敬。生育本就是奇蹟的一環。

因此，當時的社會認為，女性對於大自然的奧祕有著獨特的理解。讓她們可以影響生與死，理解性的祕密，並且發現萬事萬物內蘊的潛能。

實現魔法是許多女性的力量起源。所謂的魔法，並不是「咒語法術」或「魅惑人心的把戲」，而是女人日常生活裡的「魔法」，例如治療傷口、製作藥草、接生或製作藥劑。我相信，父權社會為了將異教神話轉變為資本主義的工作機器，必須立刻摧毀女性的地位。

請注意：獵殺女巫的首要對象當然是女性，但也有「不容於社會」的男性遭到屠殺——雖然受害者人數遠遠低於女性，但同性戀男人、流浪者、吉普賽男人、猶太人、外國人與「社會認為的異端人士」確實遭到迫害。

父權社會無法控制女性的「魔法」。女性可以經由性與女人力量而影響、操控男性，造成工作機器的弱點，也因此威脅了父權社會。

因此，父權社會必須讓女性與其力量變成「惡魔」。

一切始於一四八四年，教宗英諾森八世引述聖經〈出埃及記〉裡的經文：「行邪術的女人、不可容她存活」，藉此描述並強調了女巫的「所作所為」，同意天主教會追捕和獵殺女巫，奪走了女性接受正當審判的權利。[1]

教會認定的「女巫」就是任何充滿力量的女人。

療癒者（特別是接生者）被貼上女巫標籤之後遭到殺害，因為當時取得大學學位、想要成為醫生的男性，希望控制醫療世界。他們渴望得到「全面絕對」的醫療權力，不容許任何女性挑戰，即便女性的醫療經驗很豐富，也無法得到任何正式地位。

女性成為了男性醫生最主要的威脅。療癒者大屠殺於焉誕生。

女巫術也被定義為 crimen exceptum，意指不同於一般犯罪的「前所未有的犯罪行為」，不適用於一般的懲罰。

主掌父權社會的機構想要破壞、摧毀女性，因為她們造成威脅。他們希望女性恐懼父權社會，害怕彼此，讓她們無法理解、體驗內在的魔法和力量。

---

1 此處的聖經譯文取自繁體中文和合本，英文原文為：Thou shalt not suffer a witch to live，即「汝等不該容許女巫存活」。

父權社會想要分解女性蘊藏的女神力量和團結光輝。

父權社會的指控愈來愈荒唐。

如果你養貓……

如果你對動物說話……

如果你善於使用藥草……

如果鄰居不喜歡你……

如果你知道數字、卡片、石頭和未來的祕密……

如果你明白如何接生，舒緩女性分娩的痛楚或避孕方法……

「性」的觀念遭到遏制並且變得邪惡，創造了一個惡劣的環境，讓女性遭到傷害、虐待和謀殺。

女巫之槌

西元一四八六年，亨瑞克・克拉馬（Heinrich Kramer）寫了一本書，名為*Mallues Maleficarum*，可以粗略地翻譯為《女巫之槌》。此書可能是有史以來最厭女的著作，也成為歐洲社會的「獵殺女巫」指南。千萬別讀此書，否則你會非常憤怒。

老實說，也許你應該讀此書，感受無與倫比的憤怒情緒。

此書最初的用意是證明、支持且強調教宗諭令。《女巫之槌》相信惡魔與魔鬼的存在，但扭曲了惡魔的本質。惡魔本是指引人類的動物靈，有時亦讓我們學會痛苦的教訓。這本書也討論了魔鬼，它們糾纏、嘲笑並且詛咒人類。

《女巫之槌》主張女巫和惡魔簽訂了契約，協助她們收成穀物、接生嬰兒、治療病痛、避孕以及殺害敵人。

無論如何，此書讓「女巫」——其實也就是女人——無法倖免於難。

危險的女人

歷史上，女人從來沒有經歷過如此大規模且有組織的宗教合法攻擊。

——希維雅・費德瑞奇（Silvia Federici）

千百位女性遭到逮捕，在男人面前被脫下衣物，除去身上的毛髮。為了尋找女性身上的「惡魔印記」，男人用長針刺入她們的身體。這些針藏在看似平滑的銀棒裡，男人宣稱銀棒可以偵測女巫。

偵測者用銀棒觸碰女性赤裸的身體，如果無法找出女巫特徵，他就會按下開關，用針刺入她的身體。受害者因為痛楚而尖叫，證明她是女巫，因為她無法承受平滑的銀棒觸碰。

但男人對女性的折磨並未結束。費德瑞奇相信：「女性的身體被施加了最殘酷的折磨手段，因為遭到指控的女性是完美的實驗對象，讓虐待者反覆測試痛苦與折磨。」

當時的女性再也無法相信「團結就是力量」。迫害者鼓勵女性出賣彼此以拯救自己的性命，女性之間的社會聯繫就此瓦解。

年邁的女性也遭到迫害，因為她們仍然記得古代智慧。她們梭巡於各戶人家，傳遞遠古的知識，分享祕密和智慧，讓古代與現代的事件產生聯繫。

因此，她們成為現代化的威脅。追求現代化的人下定決心，必須摧毀過去，消除遠古的習俗與人際關係。

費德瑞奇在《卡利班和女巫》（*Caliban and Witch*）裡指出，獵殺女巫成為攻擊所有女性的恐怖系統。讀者請務必閱讀此書，雖然份量沉重，但絕對值得！除此之外，獵殺女巫也創造了新的女性角色：女性必須服從，發展中的資本主義社會才願意接納她們。

新的女性角色包括：女人失去了「性」的意義，必須臣服並聽從命令；女性的身體和生育週期象徵其羞恥與罪惡。女性被迫臣服於男性。女性接受「繁衍」職責，也必須相信自己在資本主義社會裡的繁衍職責已經沒有過去的重大價值，只是單純的「工作」。女性成為了工作機器。

時至今日，許多歷史學家仍然偏向於否認獵殺女巫的歷史。他們刻意遺忘一千三百萬名女性遭到絞刑、刑架凌遲和火刑處死。文藝復興時期的歐洲與北美社會接受了許多消滅女性的方法。

歷史學家的刻意忽視，實際上符合了女巫審判的初衷。畢竟，女巫的歷史就是一部女性迫害史——正如作家、理論學者愛瑞卡・榮恩（Erica Jong）所說的「性別屠殺」。

我們愈恐懼女巫，就愈害怕自己的力量——這正是父權結構在過去和現代一致追求的目標。

書寫我知道的「女巫獵殺」，即「女性屠殺」，就算只是言簡意駭的重點整理，也可以喚醒女性靈魂的記憶。

事實上，我多次嘗試寫作此章內容，但每一次都讓我偏頭痛、脖子酸痛或者噁心想吐，必須躺在黑暗的房間裡休息。

當然不是巧合。

請記得：

敞開心胸，接納這些歷史事實的回音，它們來自於古老世代的創傷和因果循環。

你也要尋找自己內心的回音。

第五章

我們的故事

奪回女巫之名，找回你的力量

讓我們把時間快轉到令人矛盾和困惑的二十一世紀。身為女性，我們接受教導，受到父權社會制訂的諸多限制，但是女性的飲食失調愈來愈惡化；醫療美容是最迅速發展的醫學科技；女性美容用品的銷售額度成長了三倍；成人片是收看人數最多的影片類型之一。

女性只能擁有最表層的自由。當然，從表面上來看，女性可以工作和投票，但這種「自由」潛藏著自我厭惡、物欲偏執、害怕變老以及女性之間的相互不信任。年邁的女人恐懼年輕的女人，年輕的女人也害怕年邁的女人。

這一切全都來自於女巫獵殺時的虐待行為所創造的羞恥與污辱。

你內心的警鐘是否響起？你應該覺醒了。

就像當年發動女巫獵殺的父權社會，現代的父權社會仍然想要壓抑女性，讓我們永遠不相信彼此，以便他們從中得利。

在獵殺女巫期間，他們迫使母親和女兒相互指控，宣稱一切都是按照教會聖母的指示，導致女人之間的不信任，深入彼此的內在，徹底擾亂了女性的人際關係，包括母女和姊妹情誼。

男人所宰制的社會建制受到女性自由的威脅，所以他們利用女性的罪惡感，讓我們討厭自己的身體。

但是……如果女性拒絕配合男性慾望，成人色情影片產業又該何去何從？如果女性欣然接納內在的自然美，不再執迷於父權社會持續改變、推廣的外在美貌，醫療整型產業又該何去何從？

如果女性相信自己的身體早已蘊藏一切所需的知識和智慧，只要重新連結、感受月事週期，就能取得力量，美容和瘦身產業又該何去何從？

這些問題並不是要對女性施加更多壓力和責任，而是強調這個社會投入了無數金前，就是為了讓女性臣服並且不再愛自己。

換句話說，厭女和性創造了金錢。

好幾個世代以來，女性已經無法感受雙腿之間的力量——她們的身體、子宮和月事週期。她們忘了子宮孕育生命（和萬事萬物）的能力，她們的心智容易受到操控，被迫接受父權社會的訓誡。

因此，現代的男性和女性都必須仰賴女性繼續保持渺小且受限的社會角色。

你已經開始憤怒了嗎？

如果你並未因此大發雷霆，我也能理解。你可能和我一樣，受到傳統教育的影響，認為憤怒不是適當的行為，至少不該公開表達怒火。

父權社會就像在我們的細胞裡寫下訓誡，宣布「表達情感」和「感受」都是不好的行為。如果你犯了其中之一，就會羞愧無比。你會被責怪「做得太過火」，甚至「變得很危險」，其實這是好事，只是他們不想讓你知道。

因為這全都是父權社會的訓誡。

恐懼、女巫和傷口

現代的文化氛圍讓我們以身為女性為恥。

這是中世紀宗教法庭的現代重生，但父權社會已經不再指控、虐待和公開處刑，而是讓女性自我折磨。

罪。

每一次攬鏡自照，就是在審判自我——審判開始之前，我們早已認定自己有

事實上，我在寫作此書時，曾經致電告訴編輯：「我再也不想寫女巫這本書了。」「我會歸還出版商的預付款，我不想寫了。」

為什麼呢？

當時，我正在月事週期的第二十八天。我的自我批判感在月事來潮前特別強烈，天空高掛滿月，我感受到極為強大的恐懼。

恐懼是最強大的折磨

恐懼在女性的傷口裡惡化，父權社會好整以暇，等待女性驚慌失措、引火自焚並且自斷前程。

我的編輯是艾米，她相信女神，更是我的靈魂姊妹，她很會善用文字的魔力，溫柔地安撫我。是她陪著我走過恐懼、療癒傷痛並且面對批評。

這不是她第一次安撫我（也不會是最後一次）。

她提醒我，我的前一本作品《熱愛你的女性景致》進行最後一次編輯校對時，我們兩人就曾經有過類似的對話。

我害怕自己的信仰和行為被外人看見、聆聽和批判，更憂心受到懲罰。如今，同樣的感覺再度襲來。

帶著傷往前走

分享女性的故事非常痛苦，就像陰部被割開一樣，傷口是如此真實血腥，既是個人內心深處的感受，也帶有強烈的社會意涵，世世代代地傳承在女性社會之間。

這樣的傷口擁有許多形式，藉由女性的細胞傳遞。

這樣的傷口潛藏在女性先祖的回憶。

這樣的傷口千變萬化。

這個傷口屬於比我們更早離開世界的女性前輩。

這個傷口屬於我的老媽，她放棄了自己的通靈能力和先知才能，因為她害怕被人稱呼為女巫。

這個傷口屬於我的奶奶，她從來不敢說「女巫」兩個字，但她確實是一名女巫，所有的鄰居都知道這個事實。

這個傷口屬於我的前世。

沒錯，這不是我第一次為了分享女性智慧而冒險患難。

我只想善盡女性的職責，達成身為女巫的使命。在眾多的前世之中，為了向其他女性傳遞智慧，我曾經被當眾割下舌頭。

在另一次的前世裡，我是獵殺女巫事件中的受害者。女性親族、姊妹和朋友出賣我，我被教會淹死了。

這個傷口屬於我的今生。

就算活在現代，我依然遭受男性和女性的粗魯對待、掌摑、污辱、批判和不敬。

沒錯，我知道自己要站出來替女性發聲，她們的舌頭雖然沒有被割掉，但她們被迫沉默，她們的言語也被強制審查修正。她們的心聲無人聞問。

雖然我已經再三強調，但難道你真的以為，如果可以選擇，我願意反覆討論「月經」、「陰部」、「女巫」和各種禁忌字眼嗎？

你真的相信，我願意反覆地讓自己陷入危機？你真的認為我想要寫一本不受市場青睞的書籍——探討女神和子宮為什麼是女性的力量泉源？你真的覺得我願意宣布自己是一名女巫，想要喚醒更多女巫——讓其他人有機會揶揄、批評、污辱我？

這是我的使命。

我想要讓各位知道，獵殺女巫並沒有結束。

寫書的時候，我先生的父親前往墨西哥參與亡靈節慶典。他傳了一張戶外照片給我，照片裡是一個祭壇，用來紀念今年被墨西哥政府殺害的女性受害者。她們犯了什麼罪？她們沒有罪，只是因為身為女性就被殺害了。

你可以在八卦雜誌或電視實境節目，看見現代西方社會的獵殺女巫行為。女性被指名道姓地針對、批評，或是被主流社會和社群媒體推上火刑柱。因此，請你務必理解，分享我們的故事、真相和弱點所帶來的恐懼絕非捏造、錯覺或「歷史往事」。

一切千真萬確。

這也是你正在閱讀此書並且聽見召喚的重要原因。

說出真相

我們最深層的傷痛和恐懼，就是最需要教導和傳遞的真相。

我經常回溯到舌頭被割掉的前世，也因此明白了今生的我對「大聲說出真相」的想法。

請你了解，我自從年幼時就害怕大聲說出真相。我並不是在討論腎上腺素引起的激動，而是「在夜裡害怕自己說出真相之後會死亡」的恐懼。

我還是小孩子的時候，五年來，曾經反覆看見同一個夢境。在夢裡，我是一個成年女人，穿著長袍，站在某個炙熱而瀰漫煙塵之地，四周是灰白色的建築。一群女人注視著我，我深深地望著她們的眼睛，決定開口攀談，卻說出異樣的語言。突然之間，兩名身穿深藍色遮臉長袍的彪形大漢將我壓制在地板上，割下我的舌頭。

沉入白泉的經驗重新觸發了我的夢境回憶，我終於明白夢境和現實之間確實有關連。

直到最近這幾年，真相愈來愈清晰。我四歲之前不曾開口說話。求學期間，我從來沒有舉手提問，甚至裝病迴避上臺報告。大學畢業前的評估測驗，我也選擇了筆試，雖然筆試的分數加權較差，但我寧願不要口試。

從青少年時期到二十多歲，我的喉嚨一直受到感染，無法順利開口說話。後來，一間瀟灑華麗的出版社推出了我的第一本著作，我開始大量練習在群眾面前說話。我以為自己準備好了，直到登上全國廣播節目的當天，我又再度失聲了。

隨著時間經過，我終於看清一切，我害怕大聲說出真相，這份恐懼創造了我的沉默人生。

也許你不曾體驗我無法言語的掙扎。但我很確定，身為女性的你，一定經歷過被迫沉默或遭人阻止說話，以及「男性主導話題」——他們用居高臨下的姿態向女性說教。

也許你曾經被強制打斷說話、被男性用難聽的言語與綽號譏諷、遭到惡整或被迫沉默（無論他們使用言語、心理壓力或肢體強迫），讓你感受到恐懼。

如果真是如此。

你並不孤單

每一次寫書或部落格文章，站在舞臺上或接受採訪，我都會感到恐懼。

一些女性認為恐懼是社會關係造成的主觀認知，另一些女性主張恐懼是來自於前世或今生的真實經驗。

我想告訴你真相。

每一次答應接受網路廣播節目、電視或電臺專訪，甚至站在大舞臺上演講，我內心真正的想法是：「我不要，我要穿著睡衣，舒舒服服地待在家裡。」但我已經知道真相：

為了分享女神賜予的療癒、魔法和全世界專屬於女性的恩惠，我們必須站出來，讓我們的身影被人看見，讓我們的聲音被人聽見

對於大多數的女性（包括我在內）來說，這並不容易。

我們害怕，認為坦承、書寫、分享女性故事「不安全」——而女性的故事是全世界最需要的終極解藥——如此的恐懼讓我們沉默。

我們也因此徹底失去力量。

為了奪回女巫之名，取得我們的力量，女神要求我們勇敢

你也許不需要站在人群面前，或者在電視和電臺上大聲呼籲。

但是，你仍然必須自信，並且相信你的聲音、你的身體和知識，站出來說出自己的信念，替所有遭到迫害因而無法發聲的人表達意見。

如果你擁有社群網路平臺，你必須勇於表達。為了分享內心的信仰與真實的自我，你也不能害怕反對自己在乎的人。

坦白說，我也還不清楚如何是好。

我總是害怕顫抖和碎念自語。我無法說出優美富麗的詞句，但我已經知道舞臺上的模樣不重要，文字也不重要，重要的是我們願意站出來，奪回女性的力量。

因此我願意站出來，儘管我是如此未加修飾且不完美。坦白說，我經常不是「自願」地站出來。大多數的時候，我情願坐在沙發上，包著毯子，享受一杯好茶和花生香蕉奶油口味的土司，讀著一本好書。

每一次錄製影片或者登上演講舞臺，我都能感受到恐懼——身為女性並且遭到指控的恐懼，彷彿腳上被綁住鐵鉗，即將被他們丟入烈火。

但我繼續站出來，腳踏實地，表現最真實的自我，有時候看起來亂七八糟，但

堅持表達最真實的信念。

我分享自己的想法，讓其他女性也能站出來。

對我來說，這就是過往的女性生活。

在我們遺忘歷史之前。在父權社會控制一切之前。

當時，女性還是社會中的神喻者。

當時，女性雙腿之間的神祕地帶仍然通往神聖的力量泉源。我們的月事週期備受尊敬，乃是探索人性光明與黑暗的方法，甚至能夠體驗自然之母的季節遞嬗。

當時，女性是知識的始源。

當時，女性是萬事萬物的始源。

當時，我們相信自己。

當時，我們相信自己的智慧。

當時，我們不會在社交網路平臺上受到批評，或者被迫覺得自己渺小，不配表達意見。

當時，我們不會自我質疑，也不用擔心其他人的想法。

當時，我們理直氣壯地表達真相。

這個世界需要的——也是我需要的——就是女性分享她們的故事、療癒和真實的自我。女性的真實自我必須完整、不加修飾、雖然脆弱無比但充滿榮耀。

在稍早的篇幅裡，我曾經提到女性的聲音在日常生活裡遭到許多壓制與反對。既然如此，我當然也不能要求你徹底記住且複述白泉的黑色聖母在七月清晨時賜予我的禱語。當時，我正在重新啟蒙自己的女巫精神。黑色聖母告訴我：

我可以安然地擁有力量。

我想請你記住這句話，並且反覆地告訴自己。身為女人，我們必須讓彼此都能夠安然地擁有力量。

時候到了，我們應該開始訴說自己的故事。因為，我們訴說的故事就是我們的世界。

我想請你說出真相，不要繼續扮演「善良的女孩」，不要配合他人而改變說法，也不必討人喜歡。我們不需要反覆排練的演講，更不需要完全學習別人認定的真理。

你內心的真理。

你的故事。

你的真實自我。女巫甦醒時，她會找回失落的一切，曾經被視為禁忌而丟棄至黑暗角落的一切。女巫會重拾記憶。

她會明白根本不需要「修正自我」。她會知道自己的子宮蘊藏著無限力量，而她是完整的女人。

她腳踏實地站著。

第六章

女巫的傷口

尋回失落的自我

女人想要找回真實的自我並且回到宇宙核心，這是一件重大的任務，需要歷經數年的辛苦付出並且承受痛苦……一旦女人可以找回自我，她可以更有效率地改變世界。

——薇琪·諾伯（Vicki Noble），《夏克提女人》（*Shakti Woman*）

面對傷口

我最近常和一位朋友聊到，我們雖然努力增加自信，分享智慧和知識，但我們的情緒仍然容易受其他女性朋友的影響。社群網路平臺和社會習俗也會改變我們的情緒，而我們當下的即刻反應是「責備自己」——就像拿起棍子毆打自己一樣。

各位讀者發現了嗎？父權社會什麼都不必做。

坦白說，他們只要舒服地抽著高級雪茄，繼續靠著女性的不安全感賺進大筆大筆的鈔票。

我們一定要記得，身為女性沒有問題，有問題的是父權社會。我們必須每日提醒自己，因為女巫的傷口無比深邃。

只要我們能記得，就能變得完整。

首先，我們必須走過火焰，相信自己可以安然無恙地說話、尖叫、嚎叫、憤怒、大聲說話、哭泣、咒罵，甚至性高潮。

你我都可以安然地享受一切

如果我們覺得不安，就應該號召其他女性一起努力。

如果你體驗過被姊妹背叛的痛苦，許多女性朋友都有過類似的經驗，我們應該理解背叛者的恐懼和動機。

當然，我們可以憤怒與生氣，這是必經之路。情緒過後，我邀請你感受背叛者的情緒。因為，她和你一樣背負著女巫的傷口，也在努力理解一切。

我們必須讓所有女性都覺得安全，不應指責彼此，而是該團結一致。我們不必同意彼此的意見，甚至無須喜歡彼此。這不是重點。為了挑戰父權社會，我們必須改變，開始治療女巫的傷口，所以我們要支持所有勇敢發言的女性。

就算我們不同意她的想法。

挺身而出的女性擁有無比的勇氣

聖女貞德的座右銘是「我不畏懼，我為此而生」。她的箴言如戰吼般鏗鏘有力，直接喊入了所有甦醒女巫的子宮深處。

聖女貞德擁有什麼樣的魔法？那就是遠見、信任、奉獻和勇氣。

但是，她並不是毫無恐懼。我們必須體驗恐懼，才能完成一切。聖女貞德和我們一樣，她用無比的勇氣和愛回應了恐懼。

如果任何人曾經要你害怕某個事物，你就應該勇敢挑戰。為什麼？因為你可以從中找到自己的力量。

聖女貞德沒有輕鬆的選擇，我們也沒有。我們眼前沒有一條康莊大道，因為我們必須用愛和勇氣走出自己的路。我們會為此感到害怕，也會因而得到鼓舞。

我們必須實踐愛和勇氣，為了自己，也為了其他女性，因為我們也會犯錯！這是全新的生活領域，但所有女性都會記得如何相信自我和彼此。

所以，我們應該溫柔一點，對不對？

至於世界上的亂象？你正是因此聽見召喚，才會開始閱讀這本書。

三千年過去了，父權社會的麻醉藥已經不如以往，所以你內心的女巫正在甦醒，而且她非常憤怒。

我們正在目睹一場悲劇——父權社會粗暴地掠奪地球之母的資源，隨意侵犯自然世界，濫伐森林，毫不尊重地球，就像鏡子一樣映照他們如何惡劣地對待女性。

他們的行為將激怒女巫，女巫也會做出回應。

拯救地球也許是我們的責任，但最重要的工作不是拯救地球，因為地球之母不需要我們拯救。

我們必須謹慎地思考自己的行為，以及我們對待地球之母的方式。我們如何對待地球之母，代表我們如何對待女性。

女巫的使命就是拯救自我

我們應該優雅地尊重、榮耀彼此，這是神聖女神的要求，因為我們代表她。所有女性都來自於女神，最後也會回到她身邊。只要我們能重視自己的感受，療癒自己，讓自己安全，我們就能夠重視地球的感受，療癒地球，讓地球安全。

追尋你的根源，擁抱女神的根源。重視自己的感受，療癒自己並且讓自己安全，一開始肯定不順利。改變生命相當困難，但你會在此生理解這個道理，正是因為你已經準備好了。

為了迎接挑戰，你（和所有的女性）都必須找到根源。在《熱愛你的女性景致》裡，我曾說過女性必須找到根源才能崛起。我邀請你一起探索萬事萬物的根源。

理解你的根源：你必須知道自己來自何方——你的家族與祖先，他們如何孕育你、你的信仰以及你在這個世界的位置。

我是歐洲白人女性，我非常喜歡史塔克——她是女性主義運動者和女巫，也是《螺旋之舞》的作者——分享的睿智文字：

白人必須努力理解女巫獵殺時期的迫害行為，才能開始療癒自我。歐洲歷史上針對女性的殘忍謀殺已經讓我們疏離了原生根源的傳承。

理解自己：理解你的一切，包括你的黑暗面、憤怒、偏見、精神、真相、鼓舞、愚蠢、天真、痛苦、性、困境、阻礙、熱愛、畏懼和神聖。理解一切。擁有一切。

我希望你可以「讓自己安全」，而真正的安全來自於非常熟悉地理解自我的一切，沒有任何人可以影響你。只要自我認知夠堅強，沒有人可以責備、羞辱或者讓你覺得匱乏。

熟悉你的女性景致：骨盆腔是女巫最有力的魔法創造工具。它是一座大熔爐，讓我們創造生命，接觸生命的起源。

請你將手放在子宮地帶和陰部（如果你已經失去子宮，也沒有關係，魔法的能量仍然會留在身體裡），這裡就是你的女性根源。你的手會感受到美好的能量。

只要你可以感受骨盆腔蘊藏的所有魔法與力量，你就能開始感受世界的根源。

好消息！一旦你持續地找到自己的根源，就能自動療癒姊妹情誼和全世界的根源。

女巫是全世界最好的多功能魔法。

面對烈焰

擁抱女神的根源將會點燃火焰，憤怒激烈的正義怒火。你也許會因此感覺自己正在和時母迦梨進行一場泥巴摔角，弄得全身髒兮兮。以下是我面對烈焰的方法。其中一些方法受到我那美麗好友金柏莉．瓊斯（Kimberley Jones）的啟發。她是一位詳盡探討女性福祉和女巫傷口的作家。

所以，我們應該如何面對內心的熊熊烈火呢？

其實你早就記得了。

你的細胞早就知道真相。我不想告訴你「如何」回憶，我提供自己面對火焰的步驟：

一、承認過往的傷痛：女巫傷口確實存在，它創造了各種形式的衝擊，甚至超過了我在本書中提到的範圍。某些女巫創傷的形式舉世皆知，但你必須用自己的女性身體感受其他創傷。請你勇敢地公開，宣布這些傷口不再是祕密了。

二、請注意女巫的傷口如何繼續影響你現在的生活。你是否隱瞞了某個真相？你的內心過於害怕，所以不敢踏出那一步？也許你有希望完成的目標，但卻太害怕面對他人的反應。你是否隱藏了直覺、天賦和能力？如果是，為什麼？

三、深呼吸，深入你的子宮。花點時間，注意你的身體何處正在感受恐懼。感受且留意身體的生理知覺。

四、撫摸內心的聖地，送上滿滿的愛。深呼吸，將新鮮的空氣傳入你內心的聖地。感受一切的生理知覺，理解內心浮現的所有情緒，但不要嘗試修正、評判或分析。只要深呼吸，好好感受。

五、複誦禱詞：「我很安全，待在自己的身體裡，我非常安全。」

六、呼喚勇氣。呼喚信仰。呼喚信任。呼喚你的姊妹，得到女神指導的女性正要崛起，也在喚醒內心的女巫。她們會支持妳，保護妳。

七、記得我們從不孤單。也許，在生命的某些時間裡，我們會感覺孤單。但孤單是一種選擇。我們可以選擇不再感受孤單。我們能夠相信自己從未孤單。

請你想想在我們之前被壓抑的女性前輩，她們創造了我們擁有的環境。請你想想過往被焚燒的書籍，以及被壓抑的聲音。讓一切成為你的能量，呼喚說話的勇氣，坦承內心的真相，表達你的事實。

八、請求神聖的母親、女神以及一切之所在。請她幫助你，感受點燃火焰的力量，請求她與你同行。

女巫們！你們做得到！

與男性合作

我的先生里奇，我叫他「維京人」。他身高六尺七吋（兩百公分），外表就像《權力遊戲》的角色。他和我都認為自己尚未「啟蒙」。但是，我們知道彼此相遇，就是為了協助喚醒女巫。

寫作《紅色密碼》、《熱愛你的女性景致》和這本《女巫》時，里奇變成父權結構的人形化身。

基本上，這代表我對他有點生氣——好吧，我很多時候都很生氣。謝天謝地，他可以承受一切。

我在校對時，全球社會、政治和環境，發生了各種瘋狂的事件。我們知道彼此要一起完成女神託付的工作。每一天，里奇起床之後都會問我：「我要怎麼協助妳完成工作。」

這就是現代男人的使命。

男人的任務不是打仗，也不是「抓住女人的下體」，更不是繼續當小男孩，因為女人想要找回力量而倍感威脅，甚至以為自己的玩具要被奪走了。男人的使命也不是害怕女性的狂野、黑暗、陰影和銳利——男人，不該認為這些女性特質帶有威脅，或者傷害他們的尊嚴。

相反的，男人應該要與女性的狂野、黑暗、陰影和銳利共處。替女性維護空間，讓她們探索且成長，更重要的是，讓女性可以表達所有的想法，支持她們，全心全意地愛護女性，

男人的職責，就是善用他們巨大的、跳動的、充滿愛意的心臟，詢問女人：「男人起床之後，應該如何協助女人？」

重點是：我非常憤怒。

我很情緒化。

我不安於和平。我超級敏銳，而且我感受得到一切。

父權體制在女性身上施加的桎梏，也影響了我。男性就是可怕的超級力量。

曾經有一段時間，維京人在我們的感情裡，不知道如何面對我的憤怒。

他很有耐性，靜靜地等待我準確地理解憤怒，而我終於理解了。

我終於明白了一切。

我在前幾章分享的想法。從出生開始，我就對此憤怒無比。許多女性都是如此，這也是我們出生在這個時代的原因。我們必須感受、揭穿並且表達可怕的女性處境，我們的憤怒和沮喪，以及女孩、女人持續承受的不公對待。活在世上的女性、過去的女性前輩與尚未出生的女孩，全都如此。

許多男人想要幫助、支持我們。

我們只需要告訴他們方法。

我現在感受最美麗的事情之一，就是這些神奇且得到力量的女性。她們挺身而出，真真實實地提醒年輕的男孩還有男人：我們的使命是接受她們的引導。然而，我們是女性的保衛者，我們並肩作戰，讓女性順從自己的心意而引導。——納柯．貝爾（Nahko Bear），「人民的納柯與醫藥」（Nahko and Medicine for The People）樂團主唱，探討立巖地區（Standing Rock）的原住民女性領導者。

寫作這本書時，現任的美國總統是一個認為「抓住女性下體」[1]沒有問題的男人，這一切不是巧合。這個男人接受女性記者的緊迫訪談之後，居然說：「她身上的某處會流血。」他在選戰過程裡反覆地以女性作為攻擊目標。

他象徵了父權結構，絕望地依附老舊而且不符合世人需求的權力體系。他走入政壇，打算發動最後一波的攻勢，讓我們仔細地看清楚，父權體系化身為人之後的模樣。他就是父權體系的化身。

但他的崛起也代表另一個好消息。我們可以清楚地看見父權體系。長久以來，父權體系的真面目總是模糊——無人知曉、見證其真實模樣——終於浮現檯面。治

1 川普在二〇〇五年時與電視節目主持人在一輛巴士上暢談自己的「女人經」。川普說，只要抓住女人的下體，就能為所欲為。他的言論在總統大選時遭到揭露。

療父權體系創造的傷痛之前，我們必須親眼目睹，親身感受。

書寫此書時，我可以明確地感受到，說出內心知道的真理是多麼可怕且貨真價實的威脅。你的前世或許不曾被淹死，或者綁在火柱上燒死。你或許根本不相信前世，但請你記得：父權體制雖然開始分裂，它仍然會用盡全力延續生命。

讓我繼續告訴你，為了生存並且壓抑女性的力量，父權體制願意施展的伎倆一點都不光彩。他們會確保女人的女巫傷口——父權體制在我們身上割出的巨大傷痛——永遠不會痊癒。

女人決定聆聽召喚，喚醒女巫時，恐懼和抵抗就會浮現，絕對不是巧合。

然而，時候到了，就是現在。現在正是最獨特的時代。我們或許可以在這個時代，處理內、外在的抵抗。儘管父權結構傾盡全力，它不該蠻橫地貶抑我們的女性身分。

這代表條件已經成熟，準備讓我們奪回女巫之名。

我不會繼續沉默。

我拒絕繼續扮演「好女孩」，我不想因為變老而覺得自己犯錯。

我會表達內心的真實想法、喜悅、痛苦，以及內心和子宮的直接感受。我將行動並且承擔責任，因為我是一位女巫。女巫的使命並不是讓每個人覺得舒適自在。我們的責任是揭露世上的真理，讓每個人理解實踐真理之後的模樣和感受。

別擔心，你很安全，我們都很安全。

請你重複這句話，彷彿它是一段禱文，因為你不會認為自己安全。這本書不是社群網路的流行元素，更不是一段虛偽的保證，你不能毫無承擔地瀏覽。這是一份使命，也是女巫的回應。

沒錯，女巫的使命非常可怕。現代仍然危機四伏，你無法永遠覺得安全。但是，只要我們團結齊心，就會更安全，對不對？

回應女巫的召喚

這是一份召喚，獻給所有的女巫，以及憤怒、疼痛、心碎、咆哮、哭泣、嚎叫的女人。

這是一份召喚。數百萬人因為身為女性而被誹謗，並且遭受火刑——迄今仍身陷火海——如果你在她們身上看見自己，這份召喚就屬於你。

感受女巫的能量——女性的魔法和力量曾經遭到壓制。

睿智且狂野的女人掌握大地之母的祕密，請你感受她們的能量——以及大地之母的生命週期、韻律和自然本質。

請理解你就是未來的女性先驅。

讓女巫重拾生命，進入交流對話。

我們要團結，支持彼此，而不是相互競爭。

女人團結一致，鼓勵彼此，我們才能真正地挑戰父權結構。但是，請你注意，挑戰父權結構不只是在拍攝適合放在社群網路平臺的照片，而是專心致志並且勇敢地與彼此進行真正的對話。

召喚彼此加入，不要相互攻擊。協助彼此，才能讓我們重拾一切，團結一致，徹底感受支持。只要我們團結，就不會遭受批評或羞辱。

請記得，你可以名正言順地拿回屬於你的一切，與世界重新聯繫，再度變得狂野。

你的自我。

你的真理。

你的聲音。

男性和女性都必須做到。我們生活的星球，必須從父權結構的錯誤中學習。我們應該清醒，聆聽女巫的智慧，並且採取行動。

第七章

女巫們，站起來

對立、衝突、真理和尖銳

我不想告訴你如何成為女巫。倘若這是你想要的，市面上有千百萬本「女巫入門」教學書籍。然而，如果你覺得自己的外在生活方式在分崩離析，渴望真正地活在自己的身體，聆聽並且榮耀女神的智慧。

若你再也不想遵守規則，更不希望聽從他人的指揮，不能決定自己應該做何事、穿什麼樣的衣服、說什麼話、甚至無法決定自己的感受……再也不想尋求他人的許可，也不願意多費唇舌說服他人（這一切都是陷阱，用來阻止你找回最自然的精神指引），我絕對能夠幫助你。

說出「女巫」這個詞

你可以承先啟後，讓「女巫」這個詞停留在你的嘴裡，讓它流遍你的身體。只要給它一點空間，它就可以在你的身體裡成長茁壯。大聲說出女巫兩個字吧！

事物的真實之名，乃是你可以擁有的最強力量。只要用真實之名呼喚自己，你就能賦予自己最強大的力量。

請想像一下，認識新朋友的時候，讓對方知道你是一名女巫，你會有什麼感覺？在最近一次的工作坊裡，一位女士表示，稱呼自己為「療癒者」，而不是女巫，讓她更輕鬆自在。

事實上，在女巫圈裡，她提到「女巫」兩個字時，身體不由自主地退縮了。她說，「女巫」這個詞蘊藏的力量，讓她非常恐懼。她相信人們看待「療癒者」的角度較為輕鬆而且具備包容性，「女巫」則否。她打從內心知道，女巫其實是與地球之母相連與共的療癒者。但是，相較於說出「女巫」，開口說出「療癒者」卻更簡單，更為人所接受。她覺得「女巫」似乎很黑暗，讓人不自在。

事實上，「女巫」兩個字甚至令人痛苦。這就是重點。

女巫確實和黑暗有關。女巫很熟悉自己的陰影，因為她非常清楚，女性唯一能夠完整自我生命的方法，就是承認黑暗。我們必須毫無畏懼地承認自己的黑暗。我可以理解，我當然能夠理解。身為女人，別人總是用「女巫」兩個字污辱我。但是，如果我們知道「女巫」這個名字蘊藏的力量——其中蘊藏的女性潛能——就會變得積極，希望奪回女巫之名。

我們需要耐心，很多的耐心，找回「女巫」之名，就能找回生命的權威，以及自己真正的力量。

商品化的女巫

另一方面，有些人用非常輕鬆的態度，隨意地把「女巫」兩個字掛在嘴邊，彷彿這是一種流行用語，就像人們經常談到「吉普賽」一樣。時尚雜誌用十二頁的篇幅，刊登黑白照片，模特兒穿著破絲絨衣，嘴唇塗上暗色系的唇膏，IG的使用者也熟練地上傳迷你小鍋爐、塔羅牌和一些藥草的照片。

「現代女巫」成為許多網站的主題。老實說，光是看一下子，我就快要受不了，真的非常生氣。

女巫是我的信仰，也是家族留傳下來的珍寶，更是我的生活方式。女巫是我的根源，也是我的真實身分。為什麼那些時下的女孩和女人可以如此輕視女巫，忽略我們感受的痛苦和力量？

某天深夜，我和女巫團的一位姊妹進行視訊通話，電腦視窗猶如一道燭光。我終於稍微理解了。（你該不會誤以為我早就弄清楚一切了吧？）

雖然，想要成為一位甦醒女巫的關鍵條件，就是自給自足、相信自我、聽從內心的知識，但所有女性都極度想要明白，如何獲得彼此的信任。父權結構試圖抹滅女性的存在，而我們竭盡全力想被全世界看見。因此，我們必須完全信任彼此，才能合作無間。但這個目標需要時間和開放的心胸。已經甦醒的女巫願意替我們開路，讓我們感受、探索並且理解一切。

好消息，我也終於達到了一個新境界，對所有事物懷抱感激之情。

我明白，活在這個時代如此美好，因為追求時尚的女孩和女人，都可以在社交網路平臺盡情使用「女巫」作為文化要素，不必害怕攻擊。

儘管如此，我仍然知道「女巫」兩個字的真實意義，還有她象徵的力量。因此，我們無法隨意地使用「女巫」，以為自己不會因此產生任何感受，不可能的。

如果，你不打算承擔「女巫」之名的責任和意義，你很有可能（幾乎是百分之百）會遭受某種形式的攻擊與批評。

喚醒內在女巫，並且懷抱虔誠的信念

為了喚醒你內在的女巫，並且向女神表達虔誠，我們所有人都必須：深入探索許多孕育我們的女人故事——真實的故事和虛構的故事、歷史的故事和現代的故事，皆是如此——而且為之著迷。請你仔細地閱讀，觀賞以她們為主題的電影，理解她們的成就。揭開她們的真實身分、你的真實身分、我們的真實身分以及創造女人的元素。

邀請她們加入你的女巫團，純粹的女性團體——真實的人物和想像的人物、健在的人物或已經離開世間的人物，皆是如此——你能夠在日記、冥想或者白日夢裡，尋求忠告。

我個人的女巫團成員包括：阿尼斯・尼恩（Anaïs Nin）[1]、佛羅倫斯・威爾奇（Florence Welch）[2]、抹大拉的馬利亞、瓊・傑特（Joan Jett）[3]、梅根・瓦特森（Meggan Watterson）、西貝爾・利克、奧黛麗・赫本（Audrey Hepburn）[4]、女神卡卡、莎拉・杜漢・威爾森、時母迦梨、芙烈達・卡蘿（Frida Kahlo）[5]、電影《火爆浪子》（*Grease*）[6]的女主角瑞柔（Rizzo）以及克里斯汀・諾瑟魯普醫生（Dr. Christine Northrup）[7]。

我們要向過往的母親們鞠躬。我們應該尊重、承認所有女性前輩，她們讓我們可以敞開心胸對話，我才有寫這本書的機會。我們必須承認女巫長者以及女性神靈的預視者，包括路易莎・堤許（Luisah Teish）、「醫藥之鷹」布魯克・愛德華斯（Brooke "Medicine Eagle" Edwards）[8]、史塔克、佛潔・馬（Vajra Ma）和薇琪・諾伯。各位一

---

1 阿尼斯・尼恩是美國籍作家，出生於法國，成長期間居住在法國、古巴和西班牙，作品強調夢境和潛意識，帶有強烈的精神分析色彩，其七卷日記最為著名。

2 佛羅倫斯・威爾曲是獨立搖滾樂團「佛羅倫斯和機器」的主唱，於二〇〇九年時推出第一張專輯，榮獲英國「最佳英國音樂專輯」大獎，作品多半叫好且叫座。

3 瓊・傑特是美國知名女搖滾樂手、主唱，她的作品膾炙人口，即便臺灣聽眾也耳熟能詳，例如〈我愛搖滾樂〉（*I Love Rock N Roll*）以及〈我恨自己愛上你〉（*I Hate Myself for Loving You*）

4 奧黛麗・赫本是英美知名演員，出生於比利時，曾經在一九五三年得到奧斯卡金像獎最佳女主角殊榮，代表作為《羅馬假期》、《第凡內早餐》，晚年熱心公益。

5 芙烈達・卡蘿是墨西哥女畫家，重視墨西哥文化、原住民文化和女性主義，由於年幼的車禍造成行動不便，卡蘿的成長經驗非常孤獨，她的作品著重於自畫像。

6 電影《火爆浪子》於一九七八年上映，由約翰・屈伏塔主演，無論票房和影評皆成績斐然。

7 克里斯汀・諾瑟魯普醫生是美國知名的婦產科醫生。

8 布魯克・愛德華斯是美國作家，著重美國原住民文化、精神靈修。

定要努力回憶。想起偉大的女性和男性前輩的故事。我希望你更深入地探索，讓自己重新認識真理。我希望你感受，深刻地回到自己的根源。

然後，我希望你可以發掘一切。在生動的故事和當前的生活經驗之間，我們必須面對其中的極端、矛盾和前後不一。我們必須仔細探索他人敘述的故事，重新思考我們應該是怎麼樣的人，又應該採取何種生活方式，以及我們想要追求的目標。請你揭開一切，讓陽光照亮你失去、脫離、枯萎和遺忘的種種所有。請你依序捨棄一切，就像女神伊南娜進入地下世界前的作為。你愈是深入探索，也許眼前的世界也會稍微變得黑暗，但別擔心，我們已經不害怕了，對不對？

伊南娜進入地下世界之後，旋即又揚升至光明，因為一切都是循環，你也永遠可以回到光明的世界，決定何者更適合你，你想要留住什麼，或者捨棄什麼。

責備女性的遊戲到此為止了。

激進的自我責任

沒錯，我們可以對父權結構感到憤怒，因為環境永遠對女性不利。沒錯，我們可以繼續憎恨當權者和政治人物千方百計地忽略、輕蔑和抹滅女性創造生命的偉大能力。沒錯，我們可以、即將而且應該堅定立場。

但是，到了某個時間點，在一個關鍵的時刻，我們必須停止責備父權結構。相反的，我們必須正視女性為何會面對如此局面，並且完全理解其中的所有因素。我們需要正視勇敢挺身而出並且治療女性傷口時所感受的痛楚，其實是一份邀請函，我們必須主動回應，而不是被動地反應。我們必須正視過去缺乏自信和自我價值，「我還不夠好」的擾人質疑（或者父權結構對你生命的各種干預）都能夠徹底扭轉。到了這個時候，我們必須採取強硬且激進的立場，探索自己的責任——這就是最關鍵的使命。

我們應該怎麼做呢？奪回女神賜予所有女性的力量以及自然權威。

喚醒女巫。

女巫探索內在心靈以尋求智慧，而不是仰賴外在。女巫相信且尊重自己，她就是一切（請記得，女巫就是一切，並不代表她必須理解所有的真相，完全不需要）。喚醒女巫之後，你就能夠重拾女性之道。你重新變得狂野，就算仍然不知道某些事情，也能泰然自若。你可以永遠改變一切，再也不需要回到過去的模樣。

你也會明白，自己還有許多使命——女巫的使命。你必須創造藝術、療癒同胞、尋求根源、孕育人類、建造房屋、創造人際網絡、奠定儀式、書寫故事、闡釋魔法以及發起革命。

你必須記得，自己是一位了不起的女巫，你的陰部就是力量泉源，你的心靈可以療癒所有人。

喚醒女巫計畫

接下來我們就要進行「喚醒女巫計畫」了。

我們的計畫有些像電影《厄夜叢林》（*Tfe Blair Witch Project*），但沒有可怕的鼻子、糟糕的運鏡以及差勁的燈光（換句話說，其實跟《厄夜叢林》完全不像）。然而，「喚醒女巫計畫」來自於我的個人經驗、我的暗影之書以及我的女巫釀造所綜合的一切。女巫釀造是一種療癒品，協助我行經自己的旅程。這些要素可以協助你重新喚醒女巫。

雖然我很想和你分享身為女巫的經驗，但難以付諸於文字。我不想過度簡化，但成為女巫的重點就是自身經驗，我們通常難以具體地描述。畢竟，經驗與女巫的個人生活有深切的關係。因此，我用食指（食指與法杖一樣有魔力），在空氣中畫出一個特殊的五角形，這是女巫的通用符號，當你切開蘋果時，可以在果核處看見同樣的符號——各位讀者一定知道，夏娃就是因為偷吃了蘋果，才被趕出伊甸園，這一切絕對不是巧合。在五角形的各個頂點，我正在召喚女巫的／能量引導，讓我能夠分享自己的經驗。這五個頂點分別代表：

一、自然之力：不會受到控制的女神。

二、女造物者：創造事物的女神，編織夢境，創造並且實現魔法。

三、神諭者：相信自身直覺，看清世間萬物的女神。

四、療癒者：療癒自己和全世界的女神。

五、女魔術師：魅力無限、危險且無懼黑暗的女神。

以上五種女巫才是女孩們應該在萬聖節打扮的形象。

她們是女巫的五種本質——原型角色——出現在你我每一位女巫身上。

當然，女神擁有千變萬化的特質、角度、層次和面貌。我分享的五種女巫，在女性歷史的某個時間點，都受到尊崇和榮耀，也是人類生命的必須。我分享的五位女神，就像女巫掃把一樣，刺激你的女性潛能，也是在對著你的心靈揮舞法杖，翻騰你的心靈熔爐。我希望她們能夠協助你記得，並且喚醒你內在的女巫。

其中的幾位女神彼此相似，另外幾位則是相互矛盾。其中的幾位女神讓你不安，另外幾位女神的歌詠能夠撫慰你的靈魂。這就是女巫之道，充滿極端、衝突、真理和尖銳。你可能特別受到其中一個層面的吸引，這也無妨，只要相信並且追隨自己的知覺。

我邀請你探索並且懷抱好奇心。請你明白，五種女巫的面貌已經準備就緒，等待你的探索——讓你重新找回並且記得——也可以協助所有女性達到萬物合一的境界。我們會憶記自己的力量，重新找回與生俱來不容小覷的能耐。

第八章

不受控制的女神

大自然的力量

自然之力是一種自然的神靈，不會受到控制。身為女性，你就是自然之力。你是自然的神力，是不可控制的女神。讓我們一起向彼此擊掌打氣吧！

在你認真思考詠唱咒語、鼓起能量、創造魔法之前，最重要的是孕育強壯堅強的根源——深入地理解你的真實自我。

你必須理解一個真理：倘若獲得自由的發揮，我們的就能身體深刻地理解四季週期和月球元素。

我們即是女神，女神也即是我們。自然之母的境遇，也會經由生與死、初經與停經、生育、月事週期以及女性成長的過程，如鏡子一般映照在我們身上。事實上，我們的月事週期是女巫魔法最完美的展現（我會在後面的篇幅更詳盡地說明）。它是我們內在的月週期時鐘，反映了月球變化階段和季節的本質。我們的生理循環本質是最獨特的計時器，賜予我們方向，指引我們所做的一切。

女性的身心是週期循環的，一但我們讓週期指引自己，就能夠真正地理解，為什麼女人長久以來總是覺得被排擠，也找不到歸屬感。不幸的是，我們的根源早就被迫抽離於自然之母了。

我們品嚐四季的果實，一、兩個星期規劃一次假日或旅遊。我們甚至服用合成賀爾蒙，想要藉此「控制」我們每月的生理週期。

我們試圖用人造的統一規律來取代自然週期，並且不把循環週期視為自己的力量來源。但是，女性的週期本質，我們與地球之母的關係，才能讓我們——還有你——成為不被強迫控制的力量。他們千方百計，費盡心力想要控制我們。

我在《熱愛你的女性景致》大篇幅地談過這個問題——父權結構如何狡猾地施展控制手段——簡直就是史上最被忽略的問題——迫使女性走上專為男性而設計的直線人生。

但是，你是女人。你是變化萬千而無法穩定的女人。每個月，你都要體驗心智、情緒和生理的高低浪潮。你的使命就是徹底地回想，以崇敬的心情，回歸地球的自然之道，生命的週期以及四季的遞嬗。你的任務就是找回女性生命週期所有階段的和諧與平衡：死亡、衰老、放手、行動和存在。你必須確保，生命所有的週期都得到榮耀與尊敬。

如果我們可以完全理解生命週期所展示的課題，並且完全一致，就能夠與女性內外在的景致，建立正確的關係。我們也會知道，彼此不再分離。相反的，我們彼此相連與共，地球之母的智慧將會流遍於所有女性。

身為女巫的內在環節就是連結地球的生命週期。

我們如何探索生命內在和外在的景致？我們又該如何感受人類在地球生活的方式？數千年來，古代人已經知道自然均衡與其神聖模式的重要性。在特定的季節，陽光耀眼，備受崇敬。在其他季節，人們崇拜黑暗。每個依據自然而活的文化，從北半球的古凱爾特民族，到南半球的原住民，都非常尊崇且強調年輪的重要性。

我們必須記得自己的根源，因為時至今日，我們仍然受到根源的影響——即使我們大多無法察覺。我們開始察覺且關注光明與黑暗交替的週期，代表我們也開始適應足以徹底發揮生命能量的過程了。

「女巫之輪」來自凱爾特傳統，以一年為週期，全世界的女巫用這個方式慶祝女巫夜會。

女巫夜會是時間的標記，均衡地分配在一年四季的時間，慶賀農業和天文的重

女巫的年輪

（The Witch's Wheel of the Year）

大時節。我個人使用凱爾特日曆。我住在英國，用電腦的比喻來說，凱爾特日曆就像讓我這個零件回到主機板身上。許多女巫和威卡教徒也使用凱爾特日曆。這是很棒的方法，讓我們可探索四季能量，與這些能量合作，隨之起舞。

太陽曆的節慶用來慶祝四季的節慶，其時間取決於太陽和地球的相對位置，因此每一年的日期都會稍微改變。太陽節慶分別是：

- 春分（Spring Equinox）
- 夏至（Solstice）
- 秋分（Autum Equinox）
- 冬至（Winter Solstice）

古代凱爾特的火焰節慶，歡慶四個季節的到來，也經常被視為季節能量的最高點——凱爾特人會在此時燃起儀式的篝火。火節慶的時間點位於上述四個太陽節慶的中間，也有「跨季節日」之稱。凱爾特跨季節日或火節慶分別是：

- 聖布理吉德節（Imbolc/Bride）
- 朔火節（Beltane）

以下的表格記載了凱爾特年曆中的女巫夜會時間：

	北半球	南半球
薩溫節	十月三十一日	四月三十日／五月一日
冬至／聖誕節	十二月二十一日／十二月二十二日	六月二十一日
聖布理吉德節	二月二日	八月一日
春分／奧斯塔拉節	三月二十一日／三月二十二日	九月二十一日／九月二十二日
朔火節	五月一日	十月三十一日／十一月一日
夏至／仲夏節	六月二十一日／六月二十二日	十二月二十一日／十二月二十二日
收穫節	七月三十一日／八月一日	二月一日／二月二日
秋分	九月二十一日／九月二十二日	三月二十一日

- 收穫節（Lughnasadh/Lammas）
- 薩溫節（Samhain）

我邀請各位去了解你所在之地的神話、傳奇、信仰和祭典。它們可以協助你發展聆聽自然的能力，就像土地上的先民透過四季與時間更迭所感受到的一切。每一年，我都使用女巫夜會作為時間標記，協助我和自然之母保持同步。

我會在底下的篇幅仔細地探討每一個女巫夜會的細節，也讓你明白我在每一次祭典的行為，你可以擷取對你有用的內容，開始打造你自己的祭典和儀式。

薩溫節

在北半球，薩溫節是十月底和十一月初；在南半球，薩溫節則是四月底和五月初，是凱爾特曆的一年起點與終點。有些人認為這個節日是萬聖節，另一些人則說是「所有鬼魂的夜晚」。許多異教徒和女巫，則將十月三十一日至十一月一日這段時間稱為薩溫節。

・什麼是薩溫節？

薩溫節是古代凱爾特族的火祭典，就像墨西哥原住民傳統的「亡靈節」，薩溫節也強調以儀式、祭典和慶賀，藉此光耀、追憶並且崇敬死者——因為他們是離開人世的先人。薩溫節代表冬日將近，樹葉飄零，生命離開地球表面，開始往下進入大地之母的內在。大地之母也將冬眠，以便養精蓄銳，儲存能量。

薩溫節是內省的季節。這段期間內，敬請各位開始蓄積能量，好迎接即將到來的冬天。在北半球的多數地點，薩溫節代表成長季節的結束。植物蔬果因寒冬冰霜而枯萎凋零，此時，我們迎接死亡，迎向生命的終點。許多女巫和異教徒相信，薩溫節之所以歡迎生命的結束，是因為生者世界與死者世界之間的帷幕在此時最為輕薄，我們可以向祖先交流和溝通。

在過去一年失去至愛親人者，能夠藉由薩溫節的儀式，終結他的悲傷。人們可以向死去的親人溝通，學習接受親人已經待在另一個世界的事實。薩溫節擁有許多光耀、歡慶，以及和死者溝通的做法。以下是我會做的三種：

1. 打造祖先祭壇

我有一座平日生活使用的祭壇。每一天，我坐在祭壇前祈禱並施咒（你可以在往後的篇幅讀到施咒的方法）。在薩溫節，我打造一座獻給祖先的祭壇。

我蒐集了死去家族成員、朋友或寵物的照片、遺物或紀念品，放在祭壇桌上，燃起蠟燭，紀念我失去的重要人物。我替每一位逝者準備了一小杯奠酒，我的奶奶喜歡白奶茶、父親鍾愛冰啤酒，母親則愛喝黑色俄羅斯（一種酒精飲料）。

我在祭壇前大聲喊出他們的名諱，表達感激之情，感謝他們是我生命的一部分，賜給我血脈與繼承。如果你與其他朋友一起打造祭壇，也要邀請他們比照辦理，分享逝者的故事。

2. 反省自我

回顧過去一年的生活。仔細看看你的日記、拍攝的照片以及過去一年來的種種。思考自己是否成長、有所成就、面對了哪些挑戰、完成了什麼冒險、失去哪些舊朋友，以及結交什麼新朋友。

記錄所有的事情，製作一張情緒板或者其他藝術品，反應你自己與過去一年的變化。

藉由這種方式反省自我，能夠助你心存感激，繼續勇往直前，也能以同情心理解你面對的一切，欣然接納自己的轉變。

3. 燒盡一切

在一張清單上，寫下你想擺脫的一切——人物、經驗、挑戰和習慣。把清單丟進薩溫節的火焰，讓它們化為灰燼。

請你順時針繞著火焰行走，想像自己從火焰中翩然升起——嶄新的你，充滿能量與活力，準備好迎接新的一年。

現在，讓我談談自己最喜歡的部分。請準備塔羅牌、符文、水晶球，或者你最鍾愛的占卜工具，尋求未來一年的指引。把接收到訊息全都寫下來、包括符號和任何跡象，用這樣的方式來接新的一年。

● 象徵薩溫節的符號

橡樹果實：據說，在女巫焚燒的年代，將橡樹果實送給人，代表你正偷偷地向對方點頭眨眼，讓他知道你是一位女巫。橡樹果實象徵了保護、繁衍、成長和友誼。它也像護身符，保護你的幸運和往後一年的機運。

掃帚：薩溫節的掃帚用來清理秋天的落葉，也有其儀式作用，掃除陳舊的能量，創造乾淨的空間，迎接新的能量。我和維京人丈夫在二〇一二年的薩溫節時，共同製作了一把掃帚，替婚禮清理乾淨的能量與空間（我們在當年的聖誕節結婚）。隔年五月，我們也用同一把掃帚，清理影響我們婚約的事物。

你可以蒐集小樹枝和枝幹，緊密地綑綁，製作成掃帚的雛形，再用粗壯的樹枝製作手柄，塞入掃帚裡。我用緞帶和花朵裝飾掃帚，你也能夠將掃帚作為前門裝飾物，藉此祈求好運，並且淨化前門的能量。

鍋爐：鍋爐不只是所有女巫電影的棄置道具。鍋爐是真正的女巫工具，與薩溫節有緊密的關係。鍋爐象徵了女性。我經常談到女人的骨盤腔其實是她的內在女巫鍋爐，用來孕育女性魔法，精鍊了女性的感受、情緒和思想，也是所有生命、死亡、轉化和重生的容器。

- **薩溫節的藥草**

迷迭香：記憶、保護和淨化。

鼠尾草：智慧、表明心願和淨化。

冬至之日：聖誕

在北半球，凱爾特的冬至聖誕是十二月二十日至二十三日；在南半球，則是六月二十日至六月二十三日。

冬至是重生的慶典，代表仲冬，以及白晝最短、黑夜最長的一天。聖誕節對我來說有特別的魔力：我和維京人在聖誕節才「正式」結婚。我們在二〇一二年的十二月二十一日結婚，因為冬至是一年當中白晝最短、黑夜最長的一天。這個日子提醒我們，無論黑夜多長，一定能夠迎接光明。雖然冬季屬於黑暗，但聖誕節象徵重生，我們可以看見光明和生命即將回到世界，戰勝死亡。

凱爾特的冬至聖誕，代表種植第一顆種子的時間，重返太陽榮耀，以及萬事萬物的成長希望。這是一個轉捩點——改變的時刻——一年的潮汐即將往反方向轉動。許多人在聖誕節裝飾冷杉，因為它是長青樹，象徵生命在死亡與黑暗中仍然持之以恒。但是，如果你也想裝飾聖誕樹，我可否建議你裝飾一顆真正的樹？無論室內盆栽或生長在地球環境的戶外樹都可以，但請不要把一顆活生生的樹木鋸斷，帶回家裡，充當一個星期的裝飾品，好嗎？

●聖誕年輪

我說的年輪可不是巧克力年輪蛋糕，而是真正的橡樹留下的木材。在聖誕節，人們將橡樹木材帶回家，在聖誕節的黃昏時分，用前一年留下的橡樹木枝點燃。據說，只要橡樹木點燃了，火焰會持續到木材燃燒殆盡，消除一切的厄運。

在英格蘭，人們相信購買橡樹木材會招致不幸。我們必須使用其他不涉及金錢交易的方法。橡樹木材燃燒過後的灰燼，經常用來製作防身、療癒或生育的護身符，也能撒在田野裡。法國的布列塔尼人將灰燼灑入水井，藉此淨化水源。義大利人則是使用灰燼作為對抗冰雹的護身符。

如果你和我一樣，住在沒有室內壁爐的房子，想要保存去年的樹枝，並且在今年的聖誕節點火進行儀式，可能頗為困難。為了解決這個窘境，我和維京人穿上保暖衣物，走到花園，使用室外火盆烘烤帶皮馬鈴薯，將花園的碎樹枝放入火盆裡燃燒。我們兩人一起向火焰許願，分享食物，等到灰燼的溫度降低至安全範圍，我把灰燼收入罐子，作為咒語材料，再把剩餘的灰燼灑在藥草小花園裡。

•蠟燭魔法

蠟燭、火焰和光線都是完美的聖誕魔法素材。這個簡單的儀式，能夠讓你做好準備，迎接即將到來的嶄新生活。

你需要的物品：

可燃燒七日的白色蠟燭。你可以直接購買市面上製作完成的七日蠟燭，或者先買巨大的條狀蠟燭，用簽字筆標記七等分，也可以使用儀式匕首（athame，是中世紀常見的儀式用短匕首，刀柄通常為黑色，兩側皆是刀鋒，威卡教徒在儀式中經常使用。請見稍後的說明）或刀子刻出標記。一般焚香或鼠尾草焚香。木炭以及防火安全爐。

舒壓藥草：

百里香（鼓舞勇氣）

墨角蘭、薰衣草以及山楂（祈求快樂）

羅勒、大蒜或薄荷（驅逐黑暗）

魔法儀式的做法：

1. 在冬至降臨前的十二個小時，你必須做好準備，並且在你的聖所備好香、淨化用的噴霧或焚香（後面的篇幅會有更詳盡的說明）。請花一點時間靜心，呼喚精神嚮導到你的身邊，支持你。點燃木炭，加入藥草。

2. 點燃蠟燭，在光線中冥想。放鬆你的視線，讓你的眼皮逐漸下沉，把視線專注在燭火，注意你的體驗和感受。並且重複以下的箴言：

我很強壯。

我充滿光亮。

這個世界應有盡有，我可以滿足所需。

蠟燭即將燃燒殆盡時，感受其味道，拿出日記，寫下你的想法。

每天重複一次，直到七個蠟燭都使用完畢。

●聖誕節的符號

冬青樹：聖誕節的時候，家裡可以擺放冬青樹，這個行動象徵了你願意在酷寒的季節裡，與自然神靈分享你的家。

花環：你可以用長青植物製作的花環，放在前門，象徵一年的年輪。過去四千年來，人類用這種方式使用花環。花環並沒有「開始」與「結束」：一切都會回到起點，重新來過，周而復始。

- **聖誕藥草**

榜樹葉：太陽賜予的藥草，能夠在冬至時，替你的家帶來光明。

摩勒香：古埃及太陽神「拉」（Ra）的聖物。摩勒香用於淨化和保護的焚燒儀式。摩勒焚香是在聖誕節召喚光明的好方法。

- **聖誕祭壇用品**

鹿角、象徵太陽的物品、丁香、榭寄生，紅色、綠色或白色的水晶、花環（象徵年輪）。

聖布理吉德節

在北半球，聖布理吉德節的時間是一月底至二月初；在南半球，則是七月底至八月初。

異教徒大約在每年的二月二日慶祝聖布理吉德節，基督教徒也在相同的日期舉行祭典，但名稱是聖燭節。

愛爾蘭・蓋爾族的語言稱聖布理吉德節為Imbolic，能夠翻譯為「在肚子裡」或「母羊奶」。這個節日象徵光明和生命的復甦。樹木長出初葉，我們慶祝自己走過寒冬，開始一年的農務工作。這個節日紀念凱爾特女神布理吉德（Brigid），有時她被稱呼為「布瑞迪」（Bride）。布理吉德是詩、療癒、鐵匠和助產女神。她統治了人類雙手的所有功能。布理吉德是三相女神，因此，在她的節日，我們榮耀她的一切。我們歡迎女神在冬日獲得活力，以花之少女的姿態重生。她原本是老女人、老母羊和睿智的女士，到了春天，再度恢復少女模樣。

我們在這個時間與布理吉德女神緊密交流，點燃其神聖的火焰。在歐洲的歷史上，布理吉德女神之火曾經被認為是巨大的光火、火炬和各種型態的火焰。

火焰象徵啟蒙的光輝以及人類肚腩感受的烈焰，鼓勵我們創造和製作。在太陽節日裡焚燒的一切，也開始展現其意義，我們點亮彼此的光輝，承受使命並且接下挑戰。我們孕育並且點燃決心，開始眺望前方，採取實際行動——雖然，我們還是必須先深刻地觀察自我，探索未來能夠實現的潛能。

●發展你的女巫力量

心靈占卜是一種通靈技能，協助你感應無生命物品傳遞的資訊。隨著練習，你可以光是靠著觸碰某人曾經擁有的物品、穿過的衣物（例如手錶和項鍊），就能精確地描述對方的性格、外表和生活經驗。

你可以從友人的物品開始練習。用左手握住物品，開始試著感應。你可能會感應到文字、名字、圖像、感官知覺或色彩。

隨後，請朋友轉交他（她）的友人物品給你，重複上述步驟，將你的感應告訴朋友，傾聽他（她）的回應。你開始練習之後，請使用日記本記載特定色彩的意義。如果你看見黃色，這可能意味著物品主人的性格相當鮮明且外向。用不同的物品練習，也會開始看見圖像。

●迎接太陽

冬日離去，春季降臨，這是採取新行動的好時機。聖布理吉德節的傳統包括打開房屋裡的所有燈光，就算只維持一下子也沒關係。你也可以在每個房間裡點一根蠟燭，藉此表達對太陽重生的敬意。倘若地上仍有殘雪，請在雪中行走，試著回憶夏季的溫度，再用你的慣用手，在雪上畫出太陽的圖像。

• 聖布理吉德節的符號

聖布理吉德的十字架：這是傳統的火焰之輪符號，最早見於愛爾蘭家庭的壁爐，現在則流傳全世界，同時象徵著「保護」。聖布理吉德的人偶：製作布理吉德的人偶已是古老的傳統，經常與「布理吉德之床」儀式一同進行，用來祈求家庭的繁衍生育和幸運。

火焰：聖布理吉德是火焰慶典，所有的火焰都與布理吉德有關：創造力之火、保護家庭的爐火，以及她的火焰之輪——也就是聖布理吉德的十字架——都向世人傳遞她身為火焰女神的訊息。

蛇：凱爾特神話相信，在聖布理吉德節時，一條沉睡中的蛇將會甦醒，從巢穴爬出，與女神結合。傳統上，蛇象徵了創造力和激勵——就像東方神話所說的「昆達里尼」（Kundalini）[1]。地球能量的路徑，有時會被稱為「能量線」，也是「蛇的能量路徑」。在聖布理吉德節，沉睡的能量即將逐漸甦醒。

●聖布理吉德節的藥草

黑莓：黑莓是布理吉德女神的聖物，黑莓的葉果用來祈求繁榮與療癒。黑莓是女神的植物，屬於維納斯的領域。

款冬（冬花）：款冬（蓋爾族語稱為 sponnc）是布理吉德女神和維納斯女神的藥草，用來移除情緒和身體的阻塞，也有醞釀愛情與締造和平的魔力。

薑：薑能夠刺激活化你身體裡的火焰，協助你在聖誕節時喚醒體內的昆達里尼。

●布理吉德節的祭壇物品

布理吉德的十字架、蠟燭（特別是綠色的蠟燭）、紙筆、象徵少女和年輕的物品、天鵝羽毛、願景板、白色和藍色的花朵與水晶。

1 昆達里尼的原文是「捲曲」，印度瑜伽認為昆達里尼是一種有形的生命力，賜予人類「性的力量」。昆達里尼以捲曲的姿態，蘊藏在人類的尾椎骨。印度神話以女神或沉睡之蛇作為昆達里尼的象徵。

奧斯塔拉節：春分

在北半球，奧司塔拉節是每年的三月二十日至三月二十三日；在南半球，則是九月二十日至九月二十三日。

這是春天的第一天，晝夜平衡。該節慶的名稱來自於盎格魯·撒克遜的女人厄俄斯特（Eostre，亦作 Eastre），古老的德語稱呼她是奧斯塔拉。我們對厄俄斯特所知甚少，只知道古代春分祭典的主角是她，後來才成為復活節。她是掌管生育和繁衍的女神，與兔子和蛋有關。

春分是屬於繁衍和新生命開展的時間，也象徵平衡與和諧。光明與黑暗達成了平衡，但光明即將變得更為強壯。春分也是生育和表現的時間。黃色水仙花、鬱金香、番紅花競相盛開，樹木也開出了花朵，榛樹和柳樹長出了葇荑花。由於春分是成長和平衡的日子，因此很適合在這段時間努力追求內心和潛在能量的平衡，包括各脈輪的平衡、內在陰陽特質的平衡，以及光明與黑暗面的平衡。

●蛋魔法

蛋象徵繁衍和重生（請見後面的詳細介紹）。你可以拿起一顆蛋——以書寫、詠唱或耳語等方式，將你的願望和意念傳遞給這顆蛋。你的生命目標，與蛋內在的生命創造將會相符一致；你也和這顆蛋一樣，擁有實現目標的一切條件。

在蛋上畫出兩個交疊的三角形，形成六芒星。這個星星是魔法最重要的關鍵之一：因為六芒星兼顧了上下的平衡。無論你想像了何種願望，必定能在地球實現。接著，請你在自然之母的懷抱下，焚燒蛋，請求自然之母擁抱、孕育並且協助你完成心願。我和維京人先生每年都會使用蛋魔法，再把焚燒後的蛋埋葬在後院的玫瑰叢，創造另一份女神祝福。

●奧斯塔拉蜂蜜蛋糕

最傑出的女巫都明白，女巫夜會祭典是最棒的活動，因為我們可以快樂地飲食。所以我們才會在一年舉辦八次女巫夜會祭典。

我其實才剛開始蒐集自己最喜歡的女巫夜會食譜，但我特別想跟你分享蜂蜜蛋糕，因為過去每逢奧斯塔拉節，外婆都會烘焙蜂蜜蛋糕。現在，我也會在奧斯塔拉節烘焙蜂蜜蛋糕（但我的食譜加了酒，因為……我喜歡喝酒。）

你需要的食材：

一百二十五毫升／四液態盎司／二分之一杯的白葡萄酒；

一顆雞蛋；

六十五克／二又四分之三盎司／三分之二杯的麵粉；

三百四十克／十一又四分之三盎司／一杯的蜂蜜；

兩湯匙的糖；

八分之一茶匙的月桂；

八分之一茶匙的肉豆蔻；

一次抖振[2]的鹽巴。

蜂蜜蛋糕做法：

1. 將雞蛋打入碗中，倒入酒。

2. 把麵粉、月桂、糖和鹽巴一起灑入另外一個調理碗。

3. 把麵粉混合物和蛋酒混合液攪拌均勻，直到呈現柔順的奶油狀。靜置三十分鐘。

4. 準備另一個小調理碗，混合蜂蜜和肉豆蔻。

5. 在長柄小燒鍋裡倒入一公分或半英吋大小的椰子油，加入前面製作的奶油，繼續加熱，直到它們成為金黃色的蛋糕。

6. 蛋糕煎完之後，沾著蜂蜜醬食用。

●奧斯塔拉的符號

蛋：蛋象徵重生。蛋黃代表太陽，蛋白則是女神。鳥禽類的視網膜受到光線刺激十二個小時之後，會提高牠的蛋產量。因此，在春分時，鳥禽的蛋產量也會增加。你可以使用蛋製作護身符，或者儀式性地食用蛋製品。

羔羊：歐洲、中東和非洲的處女女神幾乎都將羔羊視為聖物。兔子和野兔：兔子象徵了繁衍，因為牠們的生育能力很強。兔子也是月亮女神的聖物，稱為「月亮的野兔」。在西方世界，野兔和貓一樣，都是女巫身邊常見的小動物。據說，女巫

2 抖振的原文是Dash，常用於酒品或液體調味料，意思是將瓶子上下搖晃抖振一次所倒出的量。

也有能力化身為野兔。我的外婆經常說，女人不該吃兔子，因為吃兔子就像吃掉自己的祖母。她說的其實也部分符合事實！

●奧斯塔拉的藥草

檸檬草：檸檬草可以淨化，能夠用來淨化你與異性之間的溝通。在奧斯塔拉節，一杯檸檬草茶替你創造新的契機。

綠薄荷：你可以隨身攜帶一片綠薄荷作為療癒用途，或者在儀式澡裡加入綠薄荷，能夠讓你輕鬆且充滿活力。我的外婆曾說，我們應該在紙張上寫一個心願，使用綠薄荷葉把紙張包起來，將心願紙放在一塊紅布上，以紅線縫成一個小袋子，放在安全隱密的地點。等到綠薄荷葉的香味消失，你的願望就會實現。

你可以試試看，再告訴我是否有用。我從來沒試過，現在寫到這一段，突然也很想試試看。

●奧斯塔拉的祭壇物品

紫水晶、籃子、蛋、羽毛、花、種子、蜂蜜蛋糕、柔軟的羊毛或布料。

朔火節

在北半球，朔火節是四月底或五月初；在南半球，則是十月底或十一月初。

• 繁衍的嘉年華

朔火節（英文為Beltane，也作Bealteinne、Bealtaine等寫法）是凱爾特人的夏季起點，也是一年當中的光明季節。就像薩溫節，朔火節時，兩個世界之間的帷幕變得輕薄——這段時間適合與神靈溝通，特別是自然神靈。

傳統上，人們會在朔火節時點燃火焰，並且跳過火焰。未婚的年輕人跳過篝火，盼望自己可以找到先生或妻子。年輕的女人則祈求能夠懷孕繁衍後代。年輕的夫婦則跳過火焰，藉此增強彼此的羈絆。（我和維京人先生在訂定婚約時也比照辦理了！）我們藉由享受生命的歡愉、頻繁而美好的性愛、迎接自然和女神的禮讚，慶祝朔火節。

●如何慶祝朔火節

朔火節的清晨，用露水洗淨你的臉龐，祈求往後一年的美麗（根據傳統，我們應該使用山楂樹的露水，但一般花草的露水即可）。

倘若住處附近有水源，你可以在製作花圈或花束之後，將它送入水流、湖泊或河流，表達你對水靈的祝福。

一年當中有三次的神靈之夜，我們可以看見仙女，朔火節就是其中之一。黃昏時分，用花楸枝做成指輪。從指輪裡觀看世界，也許就能看見她們。

在這個年輪遞嬗的時間，傳統的藝術包括編織稻草，以枝柳創作手工藝品，製作籃子或布料等等。這段時間，也非常適合製作女巫之階，並且賜予福份（關於女巫之階的製作方法，請見後面的篇幅）。

●朔火節的愛之咒語

如果你想追求熱情的擁抱和親吻，在朔火節前的滿月時，製作以下介紹的藥水，並且在朔火節前一天，把藥水當成香水，擦拭在自己身上。

你需要的材料：

一根白色的蠟燭；
一個碗或聖杯；
純淨的春泉水；
玫瑰或乾淨的石英水晶；
紅色的玫瑰、粉紅色的玫瑰和白色的玫瑰；
一個小瓶子；
伏特加。

製作方法：

1. 在戶外召喚你的女巫圈。倘若你只能在室內，請盡量選擇能從窗戶看見滿月的地點。假如天氣不好，雲層過於厚重，無法看見滿月，你也可以使用燭火作為替代方案。
2. 捧起碗或聖杯，裡面必須裝滿純淨的春泉水，讓泉水映照滿月或燭火。呼喚女神阿芙蘿黛蒂，請她藉由月光，將神聖的女神力量注入泉水。
3. 專注地思考你心中完美的愛情，並且輕柔地吹拂泉水，將你的思緒注入其中。把泉水倒入瓶子，加入等量的伏特加，藉此封印藥水。將藥水放在不會被太陽直射的陰暗處，藉此保存其夜間魔法的潛能。

4. 你能夠把藥水擦拭在蠟燭和其他魔法物品——特別是咒語——以及情詩，也可以把藥水當作香水，吸引完美的愛情。

• 朔火節的符號

火焰：篝火或烽火都是朔火節最古老的傳統之一，其中應該包括九種神聖的木頭——橡木、山楂木、白樺木、接骨木、梣木、花楸木、冬青木、柳木和紫衫木。如果你想要懷孕，點燃以上木頭之後，和伴侶一起跨過火焰。女性有時也會將樹木燃燒後的灰燼裝進袋子裡，掛在脖子上當作護身符，祈求生育順利。

五朔節花柱（或者任何象徵男性陽具形象的符號）：在一年中，朔火節的主軸是性愛和生育。花柱象徵男性，花柱上搖曳的緞帶則代表女性。

• 朔火節的藥草

山楂：山楂花是花柱的經典裝飾品，用於制訂婚約和婚禮，增進夫妻的繁衍與生育。

繡線菊：用於愛情魔法，可以放在家中帶來平靜、喜悅和愛，家庭成員和訪客皆可受益。

●朔火節的祭壇物品

蛋、印度教的男性生殖器官像以及女性生殖器官像（陽具圖像和陰部圖像）、紅色與紫色的水晶、紅色與白色的緞帶、紅色蠟燭、玫瑰花瓣。

夏至

北半球的夏至是六月二十日至二十三日；南半球的夏至則是十二月二十日至二十三日。夏日的頂點，一年當中白晝最長的、夜晚最短的一日。

夏至的太陽位於最高點，也是最光亮的時刻、一年當中白晝最長的一日。百花盛開，準備迎接授粉和繁衍。但是，一旦它們完成繁衍，就會死亡，用其養分孕育種子和水果。夏季的水果也會短暫地出現。

六月是最適合結婚的幸運月，也是蜂蜜酒月或稱蜜月。傳統相信，新婚夫妻應該在婚禮結束之後，天天飲用蜂蜜酒，維持一個月的時間。因此，婚禮之後的假日也被稱為「蜜月」。雖然夏至之後，白天的時間開始變短，我們仍然擁有最偉大的豐盛時光。

夏至是關於美麗、愛情、力量、能量和喜悅的日子。沐浴在溫暖的陽光裡，我們可以期待豐收。雖然看似無憂無慮，但生命的知識就是學習理解死亡，美麗也只是稍縱即逝。

夏至的陽光提供保護和療癒，使我們擁有力量與活力。陽光讓咒語、水晶和藥草充滿能量，因此，許多傳統占卜都會選在夏至當晚。

• 接骨木花香檳

接骨木花香檳是傳統的仲夏飲品。你可以在充滿陽光的日子飲用，理想的時間就是夏至。接骨木是女神母親的聖物，通常也被稱為女巫之樹、接骨木母親或樹之皇后。它象徵保護，擁有很好的療癒力，協助我們蛻變、改變和復甦。

你需要的材料：

兩公升／兩品脫的水；

二．五公斤／二又四分之三磅的糖；

接骨木花（大）八朵；

四顆檸檬；

四湯匙的溫和白酒醋。

接骨木花香檳的作法：

1. 開始製作香檳之前，請確保接骨木花清洗乾淨，你當然不希望花朵裡面藏著昆蟲。

2. 煮沸水之後，倒入糖，等待溶解。

3. 關火，水溫降低之後，加入接骨木花。兩顆檸檬榨成汁，另外兩顆檸檬切片之後加入，再倒入白酒醋。

4. 在鍋子上覆蓋乾淨的布料，放置一天。

5. 用棉布或濾網，謹慎地壓榨花朵，盡可能擠出花液。並把飲品裝入旋蓋式的瓶子。

將瓶子靜置十天，可以喝一個月左右。請好好享受，並且感謝接骨花木的神靈。

當然，也要記得感謝我，因為我把這個食譜分享給你，真的很好喝！

注意：請使用旋蓋式的瓶子盛裝接骨木花香檳，因為香檳含有氣泡，如果沒有緊密存封，可能會爆炸。

●夏至的符號

夢境：據說，仲夏夜的夢境充滿了魔力與驚奇。想要創造一場充滿靈能的夢境，你可以將艾蒿以及月桂樹葉放進黃色布料，再用紅色針線縫起，放在枕頭底下。（沒錯，這是外婆傳授給我的吉普賽魔法，我知道有用，因為我經常使用！）

太陽：既然是夏至，夏至的符號當然包括太陽。在夏至，太陽完全展露其能量，你應該盡可能地沐浴在陽光下。（假如天氣多雲，你可以發揮想像力，或者穿著黃色的衣服與配飾。）

●夏至的藥草

薰衣草：薰衣草充滿男性能量，經常被使用在仲夏儀式的火焰裡，獻給眾神。

聖約翰草：在夏至摘取聖約翰草，可以避免傷寒與感冒。人們甚至相信，倘若在仲夏季節摘取聖約翰草，你就會戰無不勝。當然，除了戰無不勝，聖約翰草也可以吸引你心儀對象的愛情和慾望。

•夏至的祭壇物品

鏡子、貝殼、夏天的水果和花朵、虎眼石水晶。

收穫節

北半球的收穫節是七月底至八月初；南半球則是一月底至二月初。

收穫節是指七月三十一日的夜晚或八月一日的慶典，用來慶祝第一次的豐收。收穫節的英文是Lammas，在盎格魯・撒克遜的語言裡，意思是「麵包盛宴」。凱爾特人的收穫節則是祭祀主管光明、火焰、工藝和技術之神羅夫（Lugh）

在收穫節，生命獲得了圓滿的收穫，所以我們慶祝地球之母的慷慨與富饒。收穫節的主題是表達感謝、喝采並且致敬女神賜予的豐收，同時表明未來想要實現、轉變或犧牲的心願與想法（因為收穫節是豐收季節的開始）。

• 製作糧母（Grain Mother）

想要製作你的糧母或稻穀女神（Corn Dolly），必須準備幾捆小麥、燕麥、大麥或黑麥。我和維京人先生會開車到鄉村地區，總是可以在田地旁看見收割後剩餘的稻穀。倘若你無法取得上述的稻穀，任何小草或麥草也可以。

發揮你的想像力，狂野一下！如果你很有自信，將稻穀編織成心目中的糧母。但是，如果你真的不擅長（或不喜歡），只需要用黃色或橘色緞帶綁在稻穀身上，就能製作成簡易的糧母。編織糧母的同時，請記得感激你收穫的一切。將糧母放在慶典祭壇的中央。到了薩溫節，請你將稻穀放回大自然。它們是下一次豐收的種子。

• 收穫節的符號

麵包：收穫節又稱為「麵包盛宴」——每年第一次的穀物豐收用於烘焙大量的慶典麵包。

我最喜歡在收穫節與親愛的朋友一起烘焙、分食麵包。但我必須使用特定的麵糰，否則傳統麵糰裡的麩質會讓我變胖，看起來就像懷孕六個月了，真糟糕！

葡萄和酒：其實想喝酒也不需要什麼理由，對吧？不過，葡萄是象徵富饒的聖物。除了舉杯慶祝，還有什麼方法更能夠表達我們的感謝？請給我一杯玫瑰紅酒，謝謝！

●收穫節的藥草

繡線菊：又稱「草地的皇后」，通常會被編織為收穫節的花環，也是每年收穫節時用於喜宴和慶宴的傳統藥草。

薄荷：同時擁有「保護」和「治療」的魔力。除此之外，薄荷吸引「富饒」和「繁榮」的特質也相當適合收穫節。

你可以在脖子上掛著薄荷葉製成的小袋子，也能夠將一片薄荷葉放入皮包裡。

●收穫節的祭壇物品

一穗玉米、手工製作的物品、代表自己成就的象徵物品、大麥和其他穀物、黃色和綠色的水晶及花朵。

秋分

北半球的秋分是九月二十日至二十三日，南半球則是三月二十日至三月二十三日。

這是豐收的慶典，日夜均衡。

每年的春分和秋分，日夜時間達到均衡，每年的潮汐也趨於穩定。春分代表行動之前的準備平衡，而秋分則是行動之後的休憩平衡。秋分時，我們對自己在夏季的付出感到心滿意足，準備迎接收穫。北半球的秋分時間大約是每年的九月二十一日，有時候，秋分也稱為「女巫的感恩節」：我們在這個節日感謝女神賜予的富饒，與朋友分享豐收的喜悅。我們歡慶地球的富庶，用多餘的水果製作美酒和果醬，紀念地球水果在今年給予我們的豐富喜悅。

秋分標示豐收季節的圓滿結束，光明與黑暗、男性和女性也達成了均衡，太陽的力量即將衰退，黑暗的季節再度來臨。秋分是施展均衡以及和諧魔法的好季節，也是改變的契機。保護、財富和繁榮的咒語也相當適合秋分。

在秋分時間，受到太陽統治照顧的石頭，能夠給你能量，包括白水晶、琥珀、翠綠橄欖石、鑽石、黃金、黃水晶、黃寶石、貓眼石以及砂金石。

●秋分的魔法熱蘋果汁

熱蘋果汁是秋分的魔法飲料。蘋果統治人的心靈，而蘋果汁讓你熱愛自己。你可以使用月桂調味，因為月桂屬於木星和太陽，能夠讓我們從本質上吸納陽光的能量。

你需要的材料：

九六〇毫升／一又四分之三品脫／四杯的蘋果汁；
二分之一茶匙大小的丁香；
九六〇毫升／一又四分之三品脫／四杯的葡萄汁；
月桂棒；
一茶匙的多香果（牙買加胡椒）。

熱蘋果汁的做法：

1. 使用平底鍋加熱蘋果汁和葡萄汁。
2 加入月桂，多香果和丁香。

3. 加熱至沸騰，慢火熬燉五分鐘。
4. 把熱蘋果汁倒入女巫鍋爐。

●秋分的符號

豐裕之角（Cornucopia）：豐裕之角的原文來自兩個拉丁文字，cornu（角）以及copia（豐裕）。你可以將豐裕之角放在你的個人祭壇，祈求繁榮。在豐裕之角裡裝滿鼠尾草、迷迭香、百里香、艾蒿、荷蘭芹的枝葉，以及其他的神聖植物，例如橡實。這些植物都能帶來安樂、繁榮以及好運。

豐裕之角是祈求富饒的聖具，在紙張上書寫你的心願，再把紙張放入豐裕之角。你應該將豐裕之角放在視線可見的地方，才能天天看見。你也要身體力行，實現心願。等到心願實現後，將豐裕之角裡的物品獻給聖火，或者埋入地裡。

占卜：北歐人相信，明年的命運會在今年秋分時決定。他們在秋分占卜，探詢神祇是否滿意他們今年的表現。所以，你也可以在秋分的黃昏使用使用符文或塔羅牌進行占卜。

●秋分的藥草

安息香：安息香不但能夠舒緩壓力和焦慮，也非常適合淨化，協助我們度過往後較為黑暗的月份。倘若你自己經營生意，希望吸引顧客上門，也可以將安息香、月桂和羅勒混合，製成焚香使用。

金盞花：使用綠色的法蘭絨或布織袋，裝入金黃色的金盞花，在睡前將袋子壓在枕頭下。據說，如果你聞到金盞花的香味，在往後的黑暗月份會更幸運。

●秋分的祭壇物品

蘋果、藝術品、葫蘆、當季盛產植物、褐紅色與金色的物品、松果、石榴、玫瑰色水晶與琥珀色水晶。

關於女巫夜會的最後幾點想法

女巫夜會的傳說、故事、魔法和神靈有太多內容，我無法在一本書的篇幅裡完全介紹。因此，請你將這些內容當作是在鍋爐煉製草藥。你想要在自己的女巫鍋爐裡添加什麼物品，又希望如何度過女巫年輪的每一個節日，完完全全可以自己決定。重點是你用這種方式連結了自然之母——藉由藥草、食物、魔法、儀式以及流傳在土地上的傳說——你與自然韻律也產生了聯繫。

當你體認到女巫夜會如何反映人類生命的樣貌，就會開始想起自己其實也是宇宙韻律的一環。你就代表了宇宙韻律！

我們已經被壓抑太久了。

製作年輪

何不立刻開始製作你自己的年輪，提醒每一次的女巫夜會慶典主題呢？也可以加入你的個人儀式與配方。你的年輪可以單純簡單，也能華麗，只要畫一個圓，再用八條直線分成九個部分，就能製成年輪。在每一個部分填入一個女巫夜會，上色，並且用你喜歡的方式進行裝飾。

如果你製作了自己的女巫年輪，請記得拍照上傳至社群網站，加註＃喚醒女巫（#wakethewitches）——我最喜歡看見大家的創意！

月亮儀式（Esbats）

對女巫來說，女巫夜會和月亮儀式同樣重要——兩者都與魔法息息相關。女巫夜會屬於火焰和太陽，慶祝季節的遞嬗，而月亮儀式則是針對月亮的陰晴圓缺。月亮儀式的主題是榮耀女神，通常被視為「付出」的慶典，因為女巫必須努力召喚大自然之力、呼喚護法、消除或施展魔法。

沒錯，月亮儀式就是女巫要準備工作了！

新月魔法：

新月期間適合個人成長、療癒以及祝福新的計畫或冒險，也非常適合供奉新的工具和物品，讓你在儀式、慶典或未來的活動裡使用。

上弦月魔法（第一次弦月）：

在新月和滿月之間，我們會看見第一次的弦月。上弦月用來吸引魔力、愛情咒語、保護以及療癒情侶之間的能量。

滿月魔法：

滿月消除生命不需要的影響，也是創造保護魔法、占卜、制訂計畫、處理老問題的理想時間。滿月魔法的時間點從滿月的前三天至滿月的後三天。

下弦月魔法：

在滿月和暗月之間，我們看見第二次的弦月。請你善用下弦月的時間，消除並且拒絕生命裡的負面事物，放下負面情緒，治療疾患與病痛，改掉壞習慣，用咒語清除負面影響。

暗月魔法：

暗月在新月出現的三天之前。這段期間，我們看不見任何月亮變化。基本上，這段期間沒有任何魔法。我們應該好好休息，內觀自我，重新填補能量。靈境[3]追尋、瑜伽睡眠[4]和深刻的冥想都是很好的方法，能夠幫助你專注在個人事務，思考問題並且找出答案。

月亮變化

每一年，地球一共會經歷十三次的月亮變化。每一次變化都有其魔法名稱或關連。請注意，不同的神靈傳統也有不同的月亮名稱，這張表格是我個人的綜合整理。

月亮名稱表

月亮名稱	月份
狼月	一月
風暴月	二月
純潔之月	三月
種子之月	四月
野兔之月	五月
長夜之月	六月
蜂蜜之月	七月
鱘魚之月	八月
大麥之月	九月
血月	十月
雪月	十一月
橡樹之月	十二月
藍月	二十八天 一個循環

• 藍月

每年的某個月會發生兩次週期二十八天的滿月，通常會在大月。

藍月也稱為「目標之月」。在這個月，你可以設定生活目標，藉此理解曾經犯

---

3 靈境追尋是西方世界的古老儀式，常見於原住民文化。西方人相信，藉由靈境追尋，人與大自然對話，理解大自然的奧妙，藉此明白自己的天賦與使命。

4 瑜伽睡眠是指一種「意識清醒的深層睡眠狀態」，讓瑜伽學徒感受深度的放鬆與心靈的清明。

的錯，重新思考能夠協助你改善生活並且制訂目標的經驗，修正自己的錯誤。

• 豐收之月

秋分時期出現的滿月稱為「豐收之月」，能夠用來祈求恩賜或庇護。

• 描繪你的月亮地圖

坐下來，安排你的行事曆，並且標示明年的月亮週期變化與女巫夜會，其實是一個好主意。一些女巫將薩溫節視為新年的開端，藉此準備迎接新的一年。大家都知道，我非常喜歡所有循環的事物。我當然也把女巫夜會和月亮儀式寫入日記本（同時輸入在線上行事曆）。

特定的手機應用程式也可以在線上行事曆和智

女性月事週期	女神變化階段	季節遞嬗	月亮變化
排卵前	少女	春天	上弦月
排卵	母親	夏天	滿月
月事前	睿智和狂野的女人	秋天	下弦月
月經來潮	老嫗	冬天	暗月

慧型手機上顯示月亮週期，這就是科技女巫術。

• 子宮與月亮週期

女性的生命週期與月事週期，其實與月亮週期息息相關。上弦月、滿月、下弦月和暗月都是如此。同時，春夏秋冬四季遞嬗也會產生影響。

我的另外兩本著作《紅色密碼》以及《熱愛你的女性景致》都仔細並且睿智地探討女性的週期本質和月事蘊藏的力量。在此，我簡短地重新分析一次：月亮的週期是二十九又二分之一天，光亮逐漸增加的上弦月、完全明亮的滿月、光亮逐漸黯淡的下弦月與暗月，最後再度回到光亮逐漸增加的上弦月。

月復一月，月亮週期反映女性的生理週期。女性的生理期平均天數也大約是二十九又二分之一天。（我和許多女性一起工作，每天都會討論生理期，所以我當然知道每個人的生理期不一樣。為了討論方便，我們先單純地假設是二十九又二分之一天吧！）

女性的生理期和月亮的變化週期很類似，排卵前的生長期、排卵期的充滿能量、月事來潮前的豐收以及排出經血，再度回到排軟前的生長期，重新獲得能量。

體認並且與各種不同的週期連結，能夠協助我們理解自己，更重要的是，信任自己、內在的週期和隨之而來的智慧。

倘若我們臣服於地球的智慧，就可以如同一棵大樹，找到自己的根源，盤旋而上。

——萊納・里爾克（Rainer Maria Rilke）[5]

我是認真的，這就是魔法，女性的魔法。只要你停止配合男性中心的直線思考，拒絕早上起床之後，周而復始地把每天的時間分配給特定工作，並且開始順應時間的週期循環，例如：

- 你的月事週期；
- 月亮的變化；
- 四季的遞嬗；
- 你的生命階段。

如此就能夠完全地明白你的生命潛能。你已找到立足點，不再孤獨破碎，並且明白了真理。

你的家庭生活、工作、人際關係和生活喜悅，都會因此獲得裨益。這是古代人的智慧。到了現代，卻變得如此激進。順應生命週期而活，已經變成具備革命意義的行為了。

世間萬物皆是息息相關，一切都是循環。死亡帶來重生，周而復始。沒有任何事物會真正地消失。每一個死亡都創造了新的生命，而每一次的終結都是新的開始，如此地美妙。

為何連結地球和自然之母非常重要？你會發現，只要連結愈強烈，你內在的女性神靈就愈是甦醒。你與女性神靈之間的羈絆愈強大，你和地球、女神的週期循環以及四季之間，也會建立更強大的連結。畢竟，自然世界是母性的，你的身體和地球當然也是一體。

你就是自然之力。

---

5 里爾克是十九世紀的德語詩人，對詩歌體和歐洲文學有深厚的影響。

喚醒女巫計畫

這個計畫的目標就是喚醒不受任何束縛的女神。

強化週期與四季的遞嬗：我們應該慶祝女巫年輪的節日，並且與節日建立深刻的聯繫，包括夏至冬至、春分秋分以及四季變化。請你善用我在書裡分享的儀式，也可以創造屬於你自己的儀式。

順應週期潮流而活：尊重你自己的自然週期。每天確認你的身體韻律與月事是否符合自然週期。如此一來，你就可以繪製一張心靈地圖，通往你真正的自然本性。

連結你的根源：每一天，你都應該深呼吸十分鐘，直達你的子宮。這個動作能夠創造強壯的根源，讓你不再覺得備受壓力，或者遭到父權結構的欺凌。我們仍然活在父權結構獨裁的社會。

第九章

女造物者

喚醒創造力

創造事物的女神，善於編織夢境，構思並實現魔法，女性曾經是、現在是、以後也永遠都會是造物者。

書寫、拍攝、設計、出版、編織、嫩煎、無論用何種方法，我們造物。我們永遠都在創造——這是女性的天性。

戴安．史汀（Diane Stein）在《所有女人都是療癒者》一書裡，開宗明義地說：「女性是世界的造物者，宛如女神，賜予生命，奠定了積極和平的文化。」

我們在子宮中孕育生命，親手創作美麗的藝術，建造一座讓女性能夠暢所欲言，抵抗不公的社群網路，或者烹飪一碗茄子、扁豆和椰奶口味的咖哩，都是我們揮灑思想與運用能量的方式，我們創造魔法，無論是好是壞。就是如此簡單。

我們可以用充滿創造力的魔法行善，改善生活，創造健康、財富和幸福。或者，我們也能悲鳴和埋怨，傳遞負面的情緒。

無論世事如何變遷，女性永遠都在不斷創造。

我們說的每個字都是咒語

據說，Abracadabra[1]這句咒語是希伯來語的「我創造我說的一切」（我並不熟悉希伯來語，無法百分之百肯定這個解釋是否正確，如果是真的就很棒吧？）

但我非常清楚，從有記憶開始，我就非常善於施咒——只是當時的我不知道這是魔法。我第一次施咒的經驗在七歲，地點在巴特林斯，一座相當復古的英國度假營。我即將參加驢子比賽，全世界沒人比我更想贏了。（別批判我，當時我才七歲而已！）我記得自己的手指緊緊地交叉，腦海反覆地說：「我贏了！我贏了！我贏了！」我持續這麼默念著，直到終於衝過終點，贏得冠軍的玫瑰花圈。

當然，我繼續嘗試。事實上，整個假日我都在施展魔法，無論我想要什麼——

1 阿布拉卡達布拉（Abracadabra）經常翻譯為「天靈靈地靈靈」，為魔術師表演前常見的祈禱語。

氣泡飲料、DJ播放我喜歡的歌曲（無須我開口要求）、獅子王鑰匙圈——只要我堅定地相信，就一定會得到。

我覺得自己就像年輕女巫薩賓娜。當然，從此之後我彷彿成了專家。舉例來說，我無時無刻都會聽到朋友說：「麗莎，妳的丈夫真是完美！我要到哪兒找到這麼好的男人？」有時候，她們則說：「里奇有沒有兄弟？他真的好可愛！」

各位想知道真相嗎？我用魔法創造了這個完美的男人。沒錯，就是用魔法。聽起來很像《科夢波丹》雜誌會刊登的內容吧？我聽過許多人嘲諷魔法創造的力量，因為《祕密》這類書籍讓創造奇蹟聽起來就像一張化妝品購買清單，只要將想要的商品寫進去，就可靜靜等待貨物送上門。但是，施法卻是我最喜歡的女巫伎倆。

在我用魔法創造了一個完美的男人之前，我先創造了「實現一切」的咒語。我用這個咒語成功簽下了出版書籍的合約，在自己屬意的雜誌擔任專欄作家，不需要進辦公室工作，我甚至寫下自己想要賺到的金錢數目，最後也真的如願了。所以，我決定修改這個咒語，用來創造完美的男人。於是我靜待二〇一〇年七月十一日的新月之日到來。

我點燃一根蠟燭，悄悄地向女神訴說魔法詞語，並且專注地表達需求。我希望找到真愛，只能在書裡讀到的完美愛情。我鉅細靡遺地描述自己的願望，寫下了一張清單：

他的髮色不重要，但他必須支持我充滿創意的夢想。他的穿著打扮不重要，但我想要的是一個男人，而不是小男孩——他必須有愛人和被愛的能力。

我把全部的願望都寫下來，寫在獻給女神的信件裡。

我親手做了一個幸運符，在月球週期循環時，慎重地配戴在脖子。我在幸運符裡塞入小小的玫瑰色石英水晶、寫滿愛情希望的小紙條、誘發愛情的藥草，以及我在朔火節調配的愛情香水（你可以在第七章找到配製方法）。

我將愛情紙條放在枕頭下，每一天都會將幸運符帶在身上。我開始務實地努力。每天早上冥想時，我都會想像這個男人的模樣，還有我們濃情蜜意的畫面。我請朋友幫我介紹約會對象，雖然我本來很害怕線上約會，最後也加入了幾個約會網站。

我在網路上認識了幾個男生，但他們無法感動我的世界。朋友替我安排了一場約會，結果非常糟糕。對方是法國人，愛情真的不用翻譯，不，我不是在說那部電影《愛情不用翻譯》，而是我真的完全不理解他在說什麼。

月球走過一個週期之後，第二個新月，我在信箱裡收到一個男生的自我介紹，他說自己是「非常有勇氣和榮譽心，身高六尺六吋的維京人」，簡直就是男子氣概的化身。

我想要裝酷，但只維持了五分鐘左右，終於回信了。我和他之間的故事，就像經典愛情電影一樣。我們花了兩個星期的時間通信，我覺得非常唯美浪漫。每一次，我在信箱裡看見他的訊息，都會心跳加速。其他男生也會寫信給我，但我毫無興趣。我知道維京人就是我的真命天子。

我們終於見面了，就在滿月時，他符合了我所有的想像。我們在黃昏時分的長椅上第一次接吻。第三次約會時，他說他愛我。六個月之後，我們同居了。我很高興彼此坦承地表達愛與情感。他滿足了我寫在願望清單上的種種希望。每一天，我都非常高興自己和他活在同一個星球，決定共同經營彼此的人生。因為，他真的是我曾經誠心祈禱的理想對象。沒錯，我真的向女神祈禱遇見他，而這就是重點。

什麼是咒語？

咒語就是付諸行動的祈禱，一種積極實現魔法的方式。

咒語可以非常單純，例如坐在大自然的世界，祈求某個事物，將你的願望送往宇宙（我則是交給女神）。或者，咒語也能夠很複雜，例如我的「男友咒語」，必須花費一個月球週期，還要使用相當多的魔法元素，包括藥草、焚香、精油、彩色蠟燭、緞帶、律歌或書寫的祈願，以及特定神祇的祝福。

複雜的咒語可能需要更多努力與準備，你需要配合自己的心願，選擇合適的日子（請參考後面的詳盡說明）與魔法材料——無論材料本身就能發揮效果，或者我們需要借重其特質——還有相對應的工具。隨後，你必須進行更多準備工作，寫下自己的心願，選擇合適顏色的衣物，思考你想吸引或驅散的情感，找出適合的精油。或許，你也可以借重塔羅牌或神喻卡的指引。

這些咒語通常可以一次見效，在魔力蔓延時召喚神祇、自然界的各種元素或指引。請千萬不要忘記感謝神靈，並且在咒語見效時，妥善地結束咒語，要記得喔！

創造魔法

你絕對可以創造魔法——無論你想創造宛如古代女神的崇高力量，就像洋溢在宇宙中的偉大能量，或者單純地只是想在生命旅程和經驗中，感受堅定的信仰。你有改變萬物的力量，能夠創造魔法，影響其他人的生命。

請謹記在心：能力愈強，責任愈大（沒錯，這是蜘蛛人漫畫的名言，我是漫畫迷）。你對自己有責任，對其他人有責任，對社群有責任，對地球和萬物生靈都有責任。

所以，你究竟應該如何創造魔法呢？從最早的古代開始，魔法的實踐者善用色彩、音樂、韻律、圖表、手勢和肢體動作創造精美的魔法藝術。

音樂是我施展魔法的方法，我可以專注在自己的意念和承諾，創造我的欲望，讓我成為命運的女主人（並且徹底接受命運的結果）。

我想將愛與和平傳遞到被戰火撕裂的地區，經營一個部落格，刺激女性思考自己的性自主，或者出版這本書時，魔法提供了心靈內在和現實外在的協助，指引我實現自己的需求。然而，你想要創造魔法，當中所需的唯一條件就是……你自己。因為你就是最有魔力的工具。

你的意念和能量，決定了魔法的結果。許多女巫從來沒有借重其他工具，她們只需要自己的能量，你甚至可以不必離開沙發，就能完成充滿力量的魔法。專注、意念和欲望才是真正的女巫「工具」。

不過，我還是想向你介紹一些非常酷的女巫工具。

暗影之書

暗影之書（Book of Shadow, BOS）——又稱為魔法書（Grimoire）——就是女巫保存咒語、儀式和其他祕密的筆記。現代女巫可能會在筆記型電腦的資料夾裡儲存筆記，我也非常確定，假以時日，一定會有人設計手機應用程式，讓你可以更便利地在智慧型手機上記錄女巫魔法。但我能怎麼辦呢？我喜歡維持傳統，所以會把施展過的魔法都寫在筆記本裡，註記哪些成功、哪些失敗，並且仔細地記載所有的素材（精油、藥草、彩色蠟燭、施展魔法的日期以及當天的月色）。

我也會在暗影之書裡鼓舞自己，寫下一些令我困惑的問題，尋求指引。一開始，我必須自己解答疑惑。經過許多練習之後，女神和我的潛意識開始提供指引，我也終於找到長久以來尋覓的良藥和洞見。

●暗影之書的範例：

★年輪和女巫夜會的時間。

★魔法的元素和素材（請參考後面的詳盡說明）。

★蒐集或者自創的咒語和儀式。施展咒語之後，保持寫筆記的習慣，有助於你理解不同的感受，記錄咒語對生活的改變。

★藥草、焚香、精油的特質—記錄你的女巫素材實驗以及它們的效果。

★水晶與其特質—記錄不同水晶帶來的感覺，以及它們如何影響你的生活。等到你想要創造自己的咒語時，這些筆記相當有用！

★月亮週期以及月亮週期如何影響你的魔法效果。

★色彩的特質、蠟燭的魔法等等。

★每一天都要書寫自己的喜悅，有助於你的心智和靈魂，提振你的動力，吸引更多美好的事物進入你的生活。

★有趣而且極富創意的想法以及速寫，你希望親手製造或購買的工具，祭壇的裝飾品，想要種植在花園的植物等等……你可以隨心所欲地記載，保持創意。

★藥水的配方、藥草的混合方式以及女巫夜會的慶祝食物。（我的暗影之書目前只有奧斯塔拉蜂蜜蛋糕的食譜，但我準備在今年大規模地新增資料。）

★記錄你的冥想、想像與夢境。我的母親和外婆都會如此，她們在白日夢和幻想裡看見了相當驚人的符號。我終於能夠一探究竟，真的很棒！

施展咒語之後，必須保持清澈專注的頭腦，才能得到最好的結果。因此，定期冥想非常有幫助，如果冥想時產生特定的感受和洞見，就應該記錄在暗影之書裡。

同樣的道理也適用於幻想。施展咒語之後，你可以保持快樂的心情，鮮明地幻想自己的目標，能夠大幅地提升成功機率，當然也值得寫在暗影之書。你可以用自己喜歡的方式裝飾暗影之書，只要符合你的喜好即可，無論你想要自己手工製作，或者直接買一本像哈利波特那種風格的魔法書，都無妨。

其他工具

其實，就像我方才說的，你不需要其他工具，工具只是簡單的起點。但如果你和我一樣喜歡儀式、施展咒語或者祈禱，我想向你推薦一些很棒的工具。

●儀式匕首

許多女巫擁有超過一把的儀式匕首，這是常見的女巫圈工具。在蘇格蘭傳統中，儀式小刀被稱為「亞格德克」（yag-dirk），我則是說「女巫小刀」，保持簡單的稱呼即可。

儀式匕首和其他魔法工具一樣，都是非常私人的物品。許多女巫會親自鍛鑄自己的儀式小刀，或者購買成品之後，增添自己專屬的符文、雕刻和其他符號。主要的目標是結合工具的能量和擁有者的意念。

現代女巫術的書籍幾乎都說儀式匕首是「黑色手把、雙面皆刃的鐵製匕首」。但現代女巫多半採用不銹鋼、銅、銀和其他金屬混合的儀式匕首，甚至也能看到雕刻石頭。有些女巫擁有祖傳的匕首，還有一些女巫完全不使用匕首。

你選擇的女巫工具必須完全符合你的需求，這才是最重要的環節。我用木頭握把和紅瑪瑙作為匕首材質，我的匕首用來呼喚女巫圈，創造我的女性景致儀式，因為紅瑪瑙也是子宮的象徵。

許多女巫和威卡教徒都同意，魔法工具只能用在儀式。他們的儀式匕首不會「開光」或磨利。但我的外婆是廚房女巫，她用同一把小刀切藥草、胡蘿蔔以及塗抹奶油。胡蘿蔔是為了煮湯，奶油則是替我製作果醬三明治。

外婆認為儀式匕首也能用在生活用途，我也能向你保證，魔法的效果也不會因此受損。

●掃帚

掃帚用在淨化儀式，所以我們常說「掃得乾乾淨淨」。許多女巫都會在前門或走廊懸掛掃帚（將刷頭朝上），避免家庭受到外部不明能量的影響。

你可以在稍早的篇幅查到如何製作自己的掃帚。

●鍋爐

在當代女巫術中，鍋爐是非常重要的魔法工具，象徵空氣、火焰、水和土壤等四大古代元素的融合。鍋爐的外型代表自然之母，正如我在先前的章節裡所言，也是宇宙的熔爐和女性的骨盆。

鍋爐的三根支架分別對應了女神的三種形象（少女、母親和老女人），以及三個不同的月亮階段（新月、滿月和暗月），除此之外，「三」本身也是一個魔術數字。鍋爐也象徵了變化（物質和精神皆有）、啟蒙、智慧、子宮、女神母親和重生。

古代以來，鍋爐的用途不只是煮沸熱水、烹飪食物，也包括加熱魔法藥劑和療癒藥水。當然，練金術師和女巫將鍋爐視為占卜工具，容納了神聖的火焰、焚香與裝載古神祭品的聖具。

●聖杯

聖杯代表女性的水原則，正如鍋爐，聖杯也象徵了女性的骨盆腔。

任何材料都能製成聖杯，許多聖杯採用銀製或白鑞合金材質（但飲酒時必須小心，不要使用未經處理的粗金屬，以免毀壞金屬或者造成酒品變質），陶瓷聖杯也相當受歡迎。有些女巫蒐集了各種聖杯，在不同的儀式中分開使用。

在女巫圈聚會中，我們偶爾會傳遞聖杯，讓所有成員用同一個聖杯飲用酒水，參與者通常會說：「願妳永遠不會飢渴！」喝下酒水之後，再將聖杯給下一位成員。女巫也會從聖杯中倒出酒水，藉此紀念古神，接著向生命的源泉供奉女巫夜會或月亮祭典的蛋糕（蛋糕接受了祭典的能量，並且根據不同的祭典，採用不同的原料）。

●服裝

許多女巫相信衣服不是必要的魔法工具。如果你決定致力追求一個特定的傳統，例如加德納教派，就需要練習「天體」。

倘若你想在儀式期間穿著衣服，必須替儀式準備特殊衣物——長袍、斗篷、珠寶和其他配件。特殊衣物能夠協助你感受魔法，並且區隔儀式和世俗生活。我有一件專門用來施展咒語的「女巫外袍」，儀式專用的項鍊，以及戶外儀式時穿的斗篷，非常好看（黑色搭配血紅色鑲邊，剪裁相當性感）。

許多傳統和女巫之道都有其「標準服飾」，象徵背後的族群背景，例如蘇格蘭人穿裙子，德魯伊人穿連帽大衣等等。魔法實踐者也會在儀式衣物裡縫製魔法符號，或者藏在縫線、折線裡，作為祈求保護的護身符。我在斗篷裡放了水晶和符咒。

●焚香器

焚香器用來安裝炙熱的燃煤，藉此點燃焚香，最好使用抗火或防火材質。最常見的焚香器是銅鐵混合的迷你熔爐，造型和尺寸都相當精緻。焚香代表空氣元素，焚燒燃煤則象徵了火。兩者可以用來淨化環境、其他工具或女巫圈。

●法杖

法仗象徵空氣的元素以及充滿男子氣息的東方世界。你可以直接購買現成的法杖，或者從友善的鄰里中取得（倘若你想要摘取樹枝，記得先詢問，並且留下表達感謝的物品，例如一顆水晶、一些焚香或者傾倒酒水）。

你能夠使用法杖召喚女巫圈，或者用其他魔法直接施展能量，例如咒語和符文。法杖的常見材質包括玻璃、銅、銀和其他金屬，但最經典的仍然是木頭法杖（不同的木頭材質具備不同的魔法意義和用途）。

「法杖女巫」會在女巫衣櫃裡放置不同類型的法杖，不使用儀式匕首的女巫，通常會選擇法杖。

我有儀式匕首也有法杖，但大多數的時候，我只用食指，相信我，食指的法力一樣驚人。

筆記：你可以使用魔法工具，直到你不需要為止。我非常喜歡自己的女巫工具，有時候會用，有時候則不用。工具不會讓你擁有法力，更不會使你變成女巫，但它們是很好的起點，讓你與內在的智慧產生聯繫。

日常規律，法術的跡象和符號：所謂的日常規律是一份清單，包括一個星期的七天律常、色彩、數字、藥草、精油、女神和星座符號，以及它們各自的特質與優點。我們應該在儀式內善用各種要素，達成自然和諧，並且讓法術能夠吸引同樣的美好結果。

假如我想要創造愛情魔法，我就能夠查詢日常規律清單，知道玫瑰色的石英水晶、依蘭精油以及情人塔羅牌可以派上用場。我應該在週五施展魔法，因為這一天屬於北歐傳統掌管愛情的芙雷亞女神。

底下是我的日常規律清單，和各位讀者分享。我揉合了吉普賽和威卡傳統，但各位可以依照自己的想法進行修改，並不是鐵則。

請記得，女巫傳統不是僵硬的教條，每一份日常規律清單的意義，都會依文化之間改變。

我們應該尊重傳統，並且相信自己的感覺。倘若你心中有疑慮，不要想太多，跟著感覺走！

● 一週七天的律常

星期一

代表星球：月球

顏色：白色、銀色、灰色、珍珠色

塔羅牌：女祭司

藥草和精油：茉莉花、蓮花、梔子花、檸檬香蜂草

水晶：紅玉髓

能量：占卜和女性議題

脈輪：海底輪

適合：與情感有關的咒語，例如建立自信，與直覺和保護有關的咒語、洞察、占星、孩童、占卜、夢境或星雲探索，家庭活動、想像、開始新計畫、魔術、追求新紀元、心理學、輪迴、宗教、短期旅行、精神、公開活動、尋找守護動物、規劃旅行。

星期二

代表星球：火星

顏色：紅色、粉紅色、橘色

塔羅牌：命運之輪

藥草和精油：肉豆蔻、鼠尾草、丁香

水晶：紫水晶、鋰雲母

能量：勇氣、坦率面對和力量

脈輪：臍輪

適合：激發熱情和能量，促進自信的咒語。火星的守護神是戰神，如果你正在面對一場精神戰鬥，星期二就是最好的時機。星期二也非常適合保護咒語、進攻、商業、開始新計畫、戰鬥、坦率面對挑戰、勇氣、動力、槍枝、打獵、移動、訓練肌肉、熱情、合夥、身體能量、警察、修復、性愛、士兵、手術、工業和木工。

星期三

代表星球：水星

顏色：藍色、洋紅色、銀色
塔羅牌：魔術師
藥草和精油：薄荷、葛縷子、茴香、蒔蘿、薰衣草
水晶：瑪瑙、砂金石、天青石
能量：旅行、金錢、學術成就
脈輪：太陽輪
適合：溝通（私人或公開）以及與傳達訊息有關的咒語，會計、占星、通訊、電腦、信件往返、編輯、教育、治療、聘請員工、記者、學習、語言、法務任命、訊息、音樂、電話、親屬、簽訂合約、學生、拜訪朋友、視覺藝術、智慧和寫作。

星期四

代表星球：木星
顏色：綠色、金屬色
塔羅牌：高塔
藥草和精油：生薑、孜然、乳香

水晶：南非紅碧玉、石榴石、紅寶石
能量：找工作、規劃職業、友誼、財富
脈輪：心輪
適合：星期四可能是最適合施展魔法的日子，因為木星非常照顧人類而且願意給允關愛。所有的財富魔法、幸運、富饒、祈求成功的法術都應該留在星期四（請務必搭配新月）。除此之外，商業、慈善、求學、醫生、教育、拓展事業版圖、預測、對外國有興趣、賭博、成長、馬匹、長距離旅行、追求幸運、物質財富、商業購買、哲學、心理學家、出版、閱讀、宗教、研究、改善自我、運動和研究法律。

星期五

代表星球：金星
顏色：粉紅色、白色
塔羅牌：愛人和皇后
藥草和精油：薄荷、玫瑰精油、依蘭油
水晶：玫瑰石英水晶、薔薇輝石

能量：愛情、性愛、感情關係

脈輪：喉輪

適合：今天當然適合甜蜜的愛情！星期五是愛情魔法的日子，也非常適合向神與女神表達你的仰慕之情。就像治療樂團的歌詞所說：「今天是星期五！我戀愛了！」除此之外，週五的魔法屬於情感、結盟、建築、藝術、美麗、脊骨神經、求愛、跳舞、約會、設計、工程師、娛樂、友誼、園藝、送禮、和諧、奢侈、婚姻、音樂、繪畫、伴侶、詩、感情關係、浪漫愛情、逛街購物和社交活動。

星期六

代表星球：土星

顏色：黑色、灰色、紅色、白色

塔羅牌：世界

藥草和精油：廣藿香、紫草

水晶：黑玉、黑曜石、縞瑪瑙

能量：神祕／祕教知識、破除極限、法律事務

脈輪：眉心輪

適合：破除咒語，擺脫舊能量。星期六也適合約束咒語，訓練專注力並且培養耐性（許多女巫欠缺這些美德）。一般而言，我不會在週六施展咒語，除非是為了擺脫不想要的能量或欲望。其他適合星期六的咒語包括：正義、因果、極限、障礙、探測、保護、現實、犧牲、區分、建構、牙齒、考試、轉變。

星期日

代表星球：太陽

顏色：黃色、金色、橘色

塔羅牌：太陽

藥草和精油：檀香、迷迭香、乳香

水晶：琥珀、太陽石

能量：成長、療癒、男性健康問題

脈輪：頂輪

適合：所有的真理。太陽代表真理魔法和心靈的溫暖。如果你覺得內心寒冷，滿懷後悔，善用星期日的能量，照亮你陰暗的心靈。除此之外，星期日也很適合發展雄心壯志、建立權威人格、職業發展、孩童、豐收、戲劇、樂趣、目標、健康、法律、個人財務、升職、銷售、觀察、成功、志工和社會服務。

●色彩

燃燒彩色蠟燭可以凝聚能量和意念，追求你的希望、夢想和欲望，也是相當有效而且平價實惠的魔法方式。

許多女巫在蠟燭上塗抹精油或藥草，倘若你想施展金錢魔法，可以選擇綠色蠟燭，抹上生薑或者乳香精油或藥草。

你可以根據以下的色彩清單，發揮自己的創意：

紅色：性、欲望、活力、力量

橘色：魅力、自信、歡樂、嫉妒、說服

黃色：智力發展、喜悅、智力

綠色：繁榮、富足、生育、金錢

藍色：治療、保護、精神發展

紫色：祕教、力量、魔法

粉紅色：愛情、友誼、同情

白色：純淨、純真、和平、平靜

• 元素

各種元素——土壤、空氣、火焰、水和精神——創造了我們。每一次，我施展女巫法術，就會召喚它們。

根據追隨的文化傳統以及居住地點的不同，你可能會在不同的方位找到這些元素，不同的元素也會代表不同的事物。正如我先前提及的，我曾經學習威卡傳統、史翠格傳統和薩滿傳統。這三個傳統認為元素存在於不同的方位。

如果你喜歡我在本書提到的女巫儀式開始與結束的方法，也贊同我的想法，可以自由地學習。但是，如果你覺得不適合自己，或者你生活的文化不贊同我的想法，你也能找到不同的方式和方向，感受世間的各種元素。

第十章

神諭者

相信你的直覺

練習魔法是為了承擔洞悉萬物的責任。——史塔克（Starhawk）

成為女巫就是踏上學習之道。有時候，你可能會以為：「沒錯！我已經徹底理解這個世界。」然而，就在下一秒鐘，你突然發現自己置身於虛空——孕育宇宙萬物的子宮——不偏不倚地陷入了萬物的謎團，一無所知。

這就是女巫之道。

你可以從書本文字理解女巫之道。如果要我坦白說，女巫的精神其實得靠「體會」而來，你只能「感受」。你可以閱讀世上所有的書本，學習如何打造祭壇、了解塔羅牌的知識、相信直覺並施展法術。但是，除非等到你確實知道關於你自己的真相，或是直到你的夢境實現，在那之前你仍然算是一無所知。

愈勤奮練習，愈能相信自己，並且愈理解真理。當我們討論女巫時，腦海裡思考的，其實是宇宙和生命的謎題。雖然有些人認為，只要透過努力學習和練習，靈性提升到一定程度後，也會找到重要的資訊。這種想法可能是對的，卻不符合世間的道理。最簡單的事實莫過於，沒有人可以教導你何謂「宇宙的奧祕」。藉由神祕體驗、月事週期，你可以感受到自給自足，並且直接接觸自然之母，之後宇宙的奧祕就會逐步揭露，那種感覺就像頓悟一般。如果你想分享這些知識，或許就會遭逢我書寫此書的困境，無法將想法化為文字。不是因為你缺乏寫作或言說的能力，而是因為你親身經驗的感受太過於深刻，只能用最簡單平淡的方式表達。

你確實可以藉由冥想、夢境和女巫圈，培養自己的直覺。但女巫的力量不只是預測樂透號碼或是理解塔羅牌蘊藏的意義。相反的，重點是增強你的感受，並且回應隨興的想法以及深邃的真理，真正地理解你和其他人的生命意義，學習如何察覺身體內在的情緒變化。女巫的直覺很單純，就像知道電話即將響起，或者胃部不適時，明白是因為晚餐吃了什麼，也可能是深刻地感應某件事情不對勁。

重點是建立一種充滿愛和感激的關係，信任你自己、你的身體和靈性直覺。女巫最偉大的能力之一——市面上的書本沒有教你的祕密——就是耐心。

想要和「女巫自我」以及「魔法回憶」重新建立連結需要一段時間，你必須付出一生的承諾，尋找無與倫比、美妙、複雜而且令人回味再三的內在混亂，才能得到美好的結果。

尋找回憶

我第一次造訪擁有五千年歷史的馬爾他巨石神廟時，才終於找回自己的女巫記憶。這座古代神廟祀奉女神，只是地中海地區無數神廟的其中之一，位於西岸，面向海洋，是我的家園。

我的內心非常清楚。俗話說：「一日女巫，終身女巫。」我赤腳站立在巨石神廟，憶起了一切。我記得父權社會的襲擊並未完全消滅女神。她躲藏在地下的黑暗世界，將根源深入至地球。她的生命循環週期孕育了強壯的根源。女神知道一個真理：女性和她們的偉大力量因為歷史的「大遺忘」而消失，但她們終將迎接重要的「大回憶」，並且找回一切。

大回憶時代即將到來

我們需要神諭者領路。在馬爾他的女神巨石神廟中，有幾處空間專門獻給神諭者，她是一名療癒者，預言社群伙伴的未來，並且提供指引。

我親眼目睹，更重要的是，親身感受了巨石神廟的神諭空間，從那一刻開始，我便明白了，倘若我必須接納一個女巫「標籤」，必定就是神諭者。

什麼是神諭者？

神諭者受到眾神的啟發，聆聽社群伙伴的召喚，提供睿智的洞見，如先知般預測未來。他可能會使用塔羅牌作為媒介，或者進入出神狀態，與其他世界的存有溝通。根據我個人的經驗，現代世界的神諭者想起自己的女巫直覺之後，最重要的使命是提供最好的建議——也就是蘊藏在女性身體的深刻直覺、智慧及知識。

神諭者記得女性的本質以及女神賜予的力量。

蘇格拉底曾經詢問德爾斐神廟的神諭者，他是否能夠成為「智者」，神諭者的答案是：「你必須先認識自己。」神諭者不只建議蘇格拉底，也是建議世間眾生。我們當然可以，也必須繼續尋求導師和指引——但不是任憑他們要求我們「應該做什麼」，而是以他們為鏡，回憶我們的身體內在已經知曉的真理。

我們必須想起，女性就是神諭者。女性連結了自然世界和生命循環。她知道療癒的方法，但最首要的目標是療癒自己，才可以療癒其他人。

神諭者能夠聆聽萬物之聲，但最重要的是留意自己的子宮之音。她將自然地出現，協助其他女性回憶、重新連結並且找回子宮蘊藏的智慧。神諭者可以聯繫其他世界，與不同的生命形式和空間進行溝通，解開神祕的訊息、符號、聲響和象徵，並且分享其中的意義。神諭者述說故事，創造藝術，蒐集詩歌。她記得已經被世人遺忘的故事（或者是被焚燒、緘默，為了配合父權社會而遭到嚴格刪減的歷史）。

只要我們全心全意地相信自己——女性的身體、智慧、直覺和知識——就能成為神諭者。

占卜預言

練習占卜和預言的技巧，有助於你信任自己的直覺、內在本質和神聖的女神。在神諭者的諸多能力之中，預言可能是與吉普賽傳統最息息相關的一環。我的奶奶總是一派輕鬆地說：「預言就是在事件發生之前，洞悉一切。」

你可以選擇許多洞悉未來的預言方法，我個人是傾向用塔羅牌、薩滿鼓、清明夢和水晶球來占卜。

這些方法不斷指引我，讓我知道如何選擇正確的道路，又該避開哪些危險。但是，預言真正的價值不僅如此。相較於占卜的真正潛能，「洞悉未來」只是附加價值，並非如此偉大，重點在於直接地與神聖指引溝通。

占卜（divination）的終極意義就是神聖（divine）

某些宗教傳統主張，占卜是邪惡的行為，這論調可說是大錯特錯。

基本上，我使用神諭工具聆聽女神和神靈的指引。有時候，女神指引我洞悉某個問題，其他時候提供我需要的資訊，或者建議我採取哪些行動。

與神靈溝通就像與閨蜜好友或最聰明的導師一起共度午茶的歡愉聊天時光。你持續地照料這段人際情感關係，變得更健康和強壯，也從中獲得關於生命萬物的無價建議。

以下是我個人喜歡的占卜工具和練習方法，我必須再度強調，它們只是媒介，想要和神靈溝通，你不需要工具，重點還是在於你自己。

●塔羅牌

對於不熟悉占卜命運的人而言，認為塔羅牌的功用似乎只在於「預言未來」。這種想法並不全然正確。多數的塔羅牌詮釋者相信，塔羅牌僅是提供指引，但他們卻是根據自己的能量，理解未來可能的結果和方向。

每個人都能學習如何解讀牌卡，但需要練習。我們必須在這段過程中發揮直覺，雖然書籍和圖表可以提供協助，但最好的學習方式就是將塔羅牌握在手中，甚至放在枕頭下，與它們共眠，一起經歷你的人生旅途，感受它們想訴說的訊息。

我曾花費七十八個星期，每個星期理解一張塔羅牌的意義，讓它指引我每個星期的生活，仔細地理解其中蘊含的訊息、跡象和符號，甚至親筆書寫我感受的一切。我推薦你也可以如此練習。

⊙塔羅辭典牌組

市面上有數百種截然不同的塔羅辭典，有些取材自知名的藝術作品、書本、傳奇、神話甚至電影。你可以選擇自己最喜歡的一種。

我個人推薦克羅利・托斯的塔羅牌辭典牌組（Crowley Thoth deck），記載相當豐富的象徵符號。我也非常喜歡古斯塔夫・克林特（Gustav Klimt）的塔羅牌，它的藝術非常絕美。如果你是剛入門的塔羅牌詮釋者，無法決定哪種牌組最適合自己，我推薦萊德・偉特（Rider Waite）的牌組，這是塔羅牌詮釋教學書籍裡最常使用的牌組，也是相當容易學習的塔羅牌系統。你可以隨時增加新的塔羅牌組收藏，我幾乎每個星期就會買一套新的，沒錯，我實在太瘋塔羅了。

⊙塔羅牌簡介

塔羅牌組包含七十八張牌，前面的二十二張稱為大祕儀（Major Arcana），其象徵意義聚焦於物質世界、心靈直覺和改變。剩下的五十六張牌則是所謂的「小祕儀」（Minor Arcana），一共分成四組：劍、錢幣侍者、權杖和聖杯，每一組都具備了象徵意義。

劍：衝突、心智或道德難題。

聖杯：情緒和人際關係。

錢幣侍者：物質生活，例如安全感和財務。

權杖：工作、志向和活動。

⊙塔羅牌的運作方式

經驗豐富的塔羅牌詮釋者認為，解讀牌陣是一種發揮直覺的過程。就像其他占卜的運作原理一樣，塔羅牌凝聚了你的直覺。你能夠自由地選擇塔羅牌的張數（牌陣），某些解讀者會使用大量而精緻複雜的牌陣，另一些解讀者則依靠三到五張塔羅牌，尋求自己需要的指引。

凱爾特十字是最有名的塔羅牌牌陣之一，其他知名的牌陣包括生命之樹、羅馬牌陣以及五角牌陣（你可以在 www.wakethewitches.com 查詢更多內容）。

你也能使用簡單的牌陣，抽出三、五或七張塔羅牌，自由擺放且詮釋。

⊙逆位

有時候，你會抽出上下顛倒或正反逆位的牌，特定的塔羅牌詮釋者認為，必須用完全相反的意義詮釋該張塔羅牌，但另一些詮釋者並未採行此道，因為他們認為這種詮釋不完整。

在兩種詮釋方法之中，你可以自由地選擇。

⊙積極且務實的詮釋心態

替某人占卜時，你可能會抽出六張不好的牌，暗示對方即將面對陰鬱、失敗和毀滅，但請你務必保持積極正面的心態。倘若你相信對方即將遭逢健康問題，或者婚姻岌岌可危，絕對不要說：「糟糕，大事不妙！」你不需要隱藏資訊，但務必清楚地提醒對方知道，根據他們的行動和選擇，凡事都可能改變。

你可以替任何人進行塔羅牌占卜——也不必害怕告訴他們，你究竟看到了什麼。倘若你覺得有必要，也可以在詮釋塔羅牌之前，建構一個女巫圈，保持舒適自在的心情，召喚神靈，祈求她的指引，深呼吸，再開始詮釋塔羅牌。

替朋友占卜時，請對方說出自己的心情回應，隨著時間經過，你將更擅長詮釋塔羅牌，也會開始相信種種跡象，知道自己並不是「無中生有地揑造」。

茶葉占卜

茶葉是最具指標意義的占卜工具。

相較於其他相當知名且受歡迎的占卜工具，茶葉占卜的歷史並不悠久。事實上，羅絲瑪莉・蓋麗（Rosemary Guiley）在《女巫、女巫術和威卡傳統百科全書》（*Encyclopedia of Witches, Witchcraft, and Wicca*）裡指出，中世紀的占卜者經常使用鉛或蠟的碎片作為占卜工具。直到貿易蓬勃發展之後，茶葉才取代了原有的材料，成為新的占卜工具。

有些占卜者使用特殊的杯子，詮釋茶渣的意義，杯口有著特殊的圖騰或符號，甚至連茶碟也有特殊設計，能夠讓占卜者更輕鬆地詮釋。特定的茶杯組甚至印製了黃道十二宮星座的圖形。但是，你不需要如此華麗的工具，只要一個茶杯，敞開心胸，接納神靈，並且仔細傾聽（當然，一定要準備茶葉）。

⊙解讀茶渣的步驟

1. 首先，你得先泡一杯茶，讓茶葉在水面上浮動，但切記不能使用過濾器，以免破壞茶葉，茶杯必須是白色或淺色，才能清楚地觀察茶葉。

2. 喝完這杯茶，讓茶葉留在杯子底部，再以慣用手捧起茶杯，順時鐘地旋轉茶杯三次，讓茶葉形成圖像。完成以上步驟之後，仔細觀察茶葉，看看是否有出現什麼特殊的圖案，這就是茶葉占卜的第一個步驟。

⊙茶葉占卜的兩種詮釋方法

1. 經典通用的符號詮釋方法：

舉例而言，倘若茶葉的形狀像一隻小狗，就代表「忠誠的朋友」。蘋果則是「知識」或「教育」。市面上的許多書籍記載了茶葉占卜的圖像詮釋方法，雖然每位作者的詮釋觀點不同，但圖案的意義都非常接近。

2. 善用直覺：

這是我個人比較喜歡的方法。就像其他占卜，詮釋茶葉的重點應該是以直覺體驗圖像傳達的意義和感受。茶葉的形狀或許像一隻小狗，但如果你完全無法感受「忠誠的朋友」呢？倘若你反而認為這個圖像代表某個人需要保護，該怎麼辦？採行此道時，你必須決定是否相信直覺詮釋的結果。

通常，你會看見好幾個圖像。茶杯的正中央可能有一隻小狗，但周圍還有其他圖像。在這種情況下，請按照順序詮釋圖像，從最靠近茶杯把手處開始，順時針方向地詮釋。

如果你的杯子沒有把手，就從十二點鐘方向（茶杯距離你最遠的地方）開始，同樣採取順時針方向。

⊙茶葉占卜的重點：

留意第一眼看見的圖像：通常，你在茶葉占卜看見的第一個圖像，代表最有影響力的人事物。

字母或數字：如果你看見了 M，請仔細思考這個字母是否具備個人特殊意義？

可能是你的姊妹曼蒂（Mandy）、同事麥克（Mike），或者你最近想在蒙塔娜時裝設計公司求職？相信你的直覺。

動物：動物具備特殊的符號意義——小狗代表忠誠、貓咪則是狡猾，蝴蝶象徵蛻變。

星體符號：你是否看見太陽、星辰或月亮呢？每個符號都有意義，舉例來說，月亮代表直覺和智慧。

其他可辨識的符號：你是否看見十字？和平？或三葉草？這些符號同樣有意義，許多都與各種文化息息相關，也可以思考這些符號對你本身的意義。

最後，我必須提到另一個重點，許多茶葉占卜詮釋者著重「位置」，圖像出現的位置也有重要的意義和區別，「位置」幾乎和圖像本身一樣重要。如果你把茶杯底部分成三個部分（以同心圓方式區分），靠近外圈的杯緣部分通常代表「即時發生」的事件，舉例來說，如果杯緣出現了某個圖像，代表該圖像象徵的事件即將發生。在茶杯的中間位置（即第二圈）通常與短時間之內的未來有關（取決於你信奉的神祇，「短時間之內的未來」可能是一個星期，或者二十八天的月亮週期）。最後，在茶杯底部的正中央，則是你內心疑惑或現況的答案。

靈擺

靈擺是最簡易的占卜方法，用來詢問「是」與「否」的問題，能夠立刻得到答案。所謂的靈擺，通常是用金屬鍊條懸掛尖角水晶。你可以親手製作水晶靈擺，並且進行校正，理解它回答問題的方式。

⊙如何校正水晶靈擺

想要校正水晶靈擺，只需要輕鬆地將水晶靈擺的鍊條握住，讓水晶停在空中，然後確定自己的手維持完全的靜止狀態。隨後，你必須詢問「答案為是的問題」，例如，我可以詢問「我是女性嗎？」或者「我住在英國嗎？」仔細地凝視水晶靈擺，當它開始移動時，注意其移動是左右搖擺、前後晃動或者其他方式，藉此理解靈擺如何回答「是」。隨後，重複上述步驟，但詢問「答案為否的問題」，然後注意其移動方式，就能知道靈擺如何回答「否」。

你可以詢問不同的問題，清楚地理解水晶靈擺的回應方式。一些水晶靈擺以垂直或水平方式搖擺，其他的水晶靈擺繞圓移動，還有一些則是毫無動靜，除非答案非常重要。一旦你妥善地校正調整，理解水晶靈擺之後，就能進行基礎的占卜。

⊙使用水晶靈擺進行占卜

水晶靈擺的占卜方式很多種，光是回答「是」與「否」，就能讓你獲取相當驚人的資訊。祕訣在於提出正確的問題，以下是幾種建議：

配合占卜板：有些占卜者喜歡以水晶靈擺配合占卜板，讓靈擺選擇占卜板上的字母，拼出準確的訊息。

尋找遺失的物品：就像尋水術（dowsing rod）[1]，水晶靈擺也能用來指出遺失物品的方向。

回答複雜的問題：倘若你遭遇的問題相當複雜，可以先抽出一些塔羅牌，再用水晶靈擺，選出一張塔羅牌，作為正確的解答。

尋找充滿魔力的地點：倘若你準備外出，記得攜帶水晶靈擺。有些人相信水晶靈擺可以尋找「奇徑」（ley line）[2]。當你經過某個地方時，發現水晶靈擺呈現相當瘋狂的律動，可以考慮在此地進行女巫魔法儀式，或者與神靈直接聯繫。

顯像占卜

顯像占卜是我最喜歡的女巫工具。顯像占卜的英文是scrying，來自盎格魯—撒克遜語的descry，意思是「揭露」。古羅馬人在宗教儀式中使用水晶球，埃及的「死者之書」也提到女神哈索爾（Hathor）[3]的魔法鏡子能夠看見未來。

根據老普林尼（Pliny the Elder）[4]的記載，基督教—凱爾特時代之前的先知也能夠觀看深色的石頭，例如綠寶石或其他水晶，藉此洞悉萬物。甚至在西元一五〇〇年代時，諾斯特拉達姆士（Nostradamus）[5]也認為藉由燭光凝視一碗水，就能夠獲得精神啟發。

在邪教傳統中，「顯像占卜」廣義地代表凝視一個耀眼的石頭、鏡子或水晶球（任何鏡面物品都可以），藉此洞悉過去和未來。使用水晶時，這種占卜方式則被準確地稱為「水晶占卜」。有些占卜者使用蠟燭的火焰，這種方法在梵文裡稱為「塔拉塔肯」（tratakam）。

倘若你專注凝視這些物品，就能呼喚遙遠的視野，因為顯像占卜可以清澈你的心靈意識，直接感受神靈。

第一個步驟是選擇你想要的顯像占卜工具，任何物品都可以——從裝滿水的簡潔玻璃杯到一顆水晶球，範圍很廣。你也可以嘗試鏡子，蠟燭或深色玻璃。我有一個黑礦石的水晶占卜碗。請自由選擇讓你舒適的物品。

⊙顯像占卜的方法

首先要把房間清理整齊，建立女巫圈，降低燈光亮度，點燃焚香，以及其他讓

1 尋水術又稱探測術，在文藝復興時期盛行於德國的占卜法，使用一根Y型或L型的棍棒，尋找藏於地下的水源、金屬或礦石。

2 奇徑就是一種蘊藏能量的地線，也稱為能量線，或者是古代中國所說的龍脈。

3 哈索爾是古埃及的女神，代表愛情、美麗、富裕、舞蹈和音樂，同時關懷眾生，也照顧死者，保護母親和孩童。

4 老普林尼是古羅馬時代的作家、博學家，以《自然史》（又稱《博物志》）為代表作，這是西方世界相當有名的百科全書，共分三十七卷。

5 諾斯特拉達姆士是法國的猶太預言家，精通希伯來文和希臘文，後世的詮釋者在諾斯特拉達姆士的書裡發現，他可能預言了許多歷史事件和重大發明。

你覺得舒適的方法。

無論你的占卜媒介是什麼，放在高度合適的桌子上，放輕鬆，深呼吸（感覺呼吸深達你的生殖輪）。放鬆地看著占卜工具，將你的視線越過它（假如你用蠟燭，就將視線聚焦在燭火後方）。如果想眨眼，不要緊張，安心地眨眼。同時，保持心智空白，專注在你想探索的問題。剛開始練習的時候，不要超過二十分鐘。

請記得，每個人看見的圖像都不一樣。圖像可能稍縱即逝，或者一開始像迷霧，慢慢地變得清晰。

有時候，圖像只是簡單的符號，象徵過去、現在或未來。練習帶來完美。如果一開始無法成功，繼續努力，也可以嘗試不同的方法和媒介，找出最好的組合。每個人的條件都不一樣，其他人成功的方式，不見得適合你。

月亮占卜

古代人用滿月照亮占卜工具，工具反映了滿月的倒影，配合她們的直覺進行占卜。燭火也是很好的選擇。如果你無法在滿月之夜進行占卜儀式，在滿月的前一天或後一天，你依然能夠感應到月之女神。

除了清澈的天空和滿月，你必須準備以下物品，才能進行月亮占卜：

1. 桌子或平坦的工作空間（有些人在祭壇進行占卜）。

2. 深色系的碗。黑耀石占卜碗非常適合，但你也可以將玻璃碗噴上黑色防水漆。

3. 水瓶（水量必須能夠填滿占卜碗）。

4. 日記本和筆。

⊙月亮占卜的方法：

感應召喚，建立女巫圈。

舒適地站在（或坐在）你的占卜地點或祭壇前。

閉上眼睛，調整思緒，凝聚能量，感受自然之母就在你的腳下，聆聽風在樹葉之間流動的聲響。

仔細地聞周圍的氣味。高舉雙手至身體兩側，手掌朝上，感受天上的月之能量。仔細感受滿月能量匯聚的魔力。

準備用月亮倒影進行顯像占卜之後，張開眼睛。將你的水瓶高舉至月亮前，讓水充滿月亮的能量，再將水倒入占卜碗中，想像水流蘊藏了智慧和指引。你的內心和子宮都必須相信，水能夠讓你看見月亮的神祕。

占卜碗裝滿水之後，調整自己的位置，直到看見月亮直接映入水中。凝視碗中水，仔細尋找圖形、符號或圖片。你的內心深處可能會感受到某種似乎不相關的思緒，但請立刻寫下所有的想法。

完成凝視之後，確認自己記錄了占卜過程的一切見聞和感受，倘若其中一些訊息似乎毫無關連，也不要擔心——靜置幾天，讓你的意識消化一切。到最後，所有的訊息可能都會呈現其意義。

占卜儀式結束之後，你可以將水靜置一個晚上，吸收充分的月光能量，隔天清晨飲用，讓身體得到月之女神的加護。你也能夠將水倒入花園或盆栽，作為一種奉獻。

造夢者

我的祭壇有一座馬爾他女神的雕像，她非常豐腴，曲線玲瓏有致，呈現躺著沉睡的姿態。這座小雕像是複製品，其真品位於馬爾他的哈爾・薩夫列尼地下宮殿，此處宛如迷宮，女神雕像的建造者認為，宮殿本身就像女性的子宮。

宮殿的結構也像夢境培養皿，你來到這兒，經由夢境，得到撫慰、療癒和神聖的指引。懷孕的女性可以在宮殿的房間裡沉睡，神靈就能夠進入她們的胎兒中。女性在此用子宮孕育夢境，使其成真。

聽起來真的很神奇，對吧？

我每一次進行心靈撫慰和子宮治療時，都會聆聽珍妮佛・貝雷遜（Jennifer Berezan）的歌曲《重返》（*Return*），這首歌的錄製地點就是在哈爾・薩夫列尼地下宮殿。女性可以在這首歌當中找到支柱，協助我們重返子宮裡的「家」，因為我們的夢想能夠在子宮裡獲得最根本的歇息，最後成為真正的生活。

現代人的生活步調過於迅速，我們已經沒有夢想的時間。然而，女性可以在夢境裡鮮明地描繪理想，並且使其成真。

古代人非常清楚此道理。我也很明白。

我坐在地下宮殿的子宮古墓裡，央求女神讓我知道如何實現夢想。她讓我看見馬爾他夢境女神的雕像，她的雙腿之間正在流血。我知道這意味著古代人是怎麼藉由徹底的歇息來建全及修復身體，方法就是女性的月事。然而，古代人並不認為女性每個月的流血月事是一種詛咒。她們相信那是做夢的時間。我們流出鮮血時，得到最深邃的夢境，成為自然的先知和神諭。

然而，節奏迅速、線性、目標取向和強調必須完成各種任務的現代生活風格，卻奪走了女性編織夢境的能力。無法與男性並肩而行導致女性心懷罪惡，因此我們努力工作，從不歇息。我們遺忘了四季的循環以及身體的節奏。唯有在歇息的時間，特別是在流血的月事週期，我們才能敞開身心靈，直接與女神溝通。

因此，女性才會走入紅色帳棚裡，享受獨處，接受女神的指引，而子宮神殿也專門替女性設置了接受夢境與啟示的空間。許多女性會在生理期感受巨大的痛楚，因為她們不能歇息，已經無法接受女神引導的智慧。

痛楚是一種提醒，召喚我們回家，找回真實的自我，好好休息，讓身心靈能夠徹底接收女神的訊息。但是，現代生活要求女性繼續前進，我們只能想辦法緩和痛楚，錯過了真正美妙的女性魔法。（如果你已經停經，不再流血，這代表你進入了深邃的休息週期，但你依然能夠在暗月期間與女神溝通，並且接受所有的訊息。）

在子宮裡甦醒的女性，才能實現夢想。

是的，你能夠用塔羅牌、茶葉和顯像占卜，也可以並且必須深化你與月球、大地之母之間的聯繫。子宮是血魔法的起源，亦是女性直覺的核心，即使你不想占卜，而是專注於子宮的榮耀，也是很好的選擇。因為你的子宮就是神諭者。

喚醒女巫計畫

認識自己：一旦你能夠認識自己（這是費盡一生的使命），相信身體各種徵兆與能量展露的智慧，信任自己「洞悉未來」的能力，就可以明白「神諭者」並不是其他人才有的特殊身分。相反的，你早已學會並且信任關於自己的真理。沒錯，重點就是你。

負責地面對自己的決定和選擇：下一次，面對艱困的難題和決策時，請記住，你不需要找到「每個人都同意的正確答案」，只有「你認為合適的答案」。

請選擇一種占卜方法，閉上眼睛，或者感應你的子宮。深呼吸，慢慢地捫心自問，倘若你已經知道答案了，應該怎麼面對難題呢？

因為你早已知道答案。女性永遠都知道合適的答案。

經常休息：月亮週期的後半段，也就是月事來潮前以及生理期間，這是一種召喚，要求你放慢腳步，接收女神的訊息。倘若你已經停經，善用殘月和暗月的能量，作為你的指引，藉由休息、白日夢和幻想，增進你的神諭和占卜能力。

第十一章

療癒者

療癒自我以及全世界

打從時間形成開始，女性療癒者就開始尊崇並且遵守自然世界、時間和神靈的神聖循環。她們服務社群成員，接生嬰兒、提供養分，親手製作療癒藥草，傳遞訊息、祈禱，舉行儀式，跳舞、歌唱和演奏音樂，並且編織夢境。

女性的神聖療癒藝術，也讓她們受到社群成員的愛戴和尊崇。

然而，如同我在第四章提到的迫害時代，父權社會結構瞄準女性——特別是療癒者和接生者——稱呼她們是女巫，最後造成人類社會經歷了一場可怕的「療癒者大屠殺」。

因此，我們仍然害怕被稱為「療癒者」。雖然許多女性使用藥草和精油、製作藥劑和茶水，以及實踐各種物理療法，例如靈氣療法、針灸、芳香療法以及數百種療法時，都能感受療癒者的召喚。

雖然女性依然深深受到吸引，想要探索並且體驗植物的教誨，例如油菜、巴西藤蔓、伊菠和聖佩德羅仙人掌，藉此完成撫觸、按摩、歌唱、舞蹈等自然療癒方法，服務社群與自我，然而那份恐懼卻如影隨形地跟著她們。

女性的療癒者智慧並非從家族或社群長老世代傳承而來，相反的，我們必須透過更客觀的方式，才能尋找療癒的方法（提醒各位，你也正在憶起這一切）。

我們之所以恐懼，是因為在我們生活的世界裡，巨大的製藥廠口口聲聲說可以用實驗室製作的藥丸，迅速地治療疾病。他們徹底消毒，將療癒的方法放入乾淨無菌的膠囊，宣稱這就是「解藥」。我們之所以恐懼，是因為這個世界教導我們相信，女性的直覺不可信任，因此，女性也不值得信任。

女性扮演的角色

女性的本質就是女巫、療癒者、薩滿以及醫護者。——楚科奇諺語

在西班牙的甘蘭德傳統（Hispanic Curandera）、波蘭的老祖母傳統、馬雅的祖母傳統、阿帕拉契的祖母傳統中，女性療癒者曾是——現在依然是——社群中的重要元素。她們是睿智的女人、藥草專家、接生者、鄉村的療癒者或女薩滿，善用文

化和祕傳信仰中的藥草、月事、疾病以及接生智慧。她們從社群長老女性身上學習治療的藝術（通常是母親、祖母、阿姨或鄰人）將自己的一生，奉獻給醫療。她們與大自然建立了深刻的連結，徹底地崇敬人體，並且相信女性的自在知識。和我一起擊掌慶賀吧！

沒錯，治療是一種藝術，女性的創造力始於子宮，不但孕育了新生命，甚至編織了夢想、遠見、情感關係以及革命。請再度和我擊掌慶賀！我們一起創造了生命、型塑了世界和整座宇宙。女性可以療癒的範圍，遠遠超過自身和周圍的社群伙伴。我早就說過，女性的力量非常偉大，對不對？

女性擁有迎接新生命來到地球的能力。雖然我想要保持冷靜，盡可能地面對現實，但只要想起女性的療癒能力，我們就能改變女性在地球的角色。我相信，反抗父權社會並非最終的解答。改變既有世界無法造福任何人。但是，我們能夠感應真相，我們可以創造新的世界，我們也有能力回想治療自我的方法。各位女巫朋友，這是真正的震撼人心，敞開心胸的生命典範轉移。

你是接生者，迎接每一位新生的女巫。

現在，你可以花費二十年的光陰，閱讀所有的書籍，努力不息，卻仍然無法徹底理解女性的療癒能力。我在本書最後的「女巫書架」裡推薦了自己最喜歡的書籍，但我必須提出一個重點：呼吸才是關鍵。

呼吸

呼吸是最好的良藥。

呼吸的梵文是 pranayama，能夠提供無數的療癒優點（當然，人一定要呼吸，才能維持生命）。你的呼吸可以調節肌肉緊繃，釋放焦慮，創造身心靈的空間。

正確的呼吸方式很難。我們的日常生活負擔太重，以致於幾乎沒有人留意如何深呼吸，甚至無法察覺自己是否妥善地呼吸。我很喜歡瑜伽課程的呼吸教學，深刻地教導我們如何正確地呼吸和吐氣。一但我們開始有意識地呼吸，身體也會產生正面的影響。我也在女神力瑜伽課程裡教導學員如何進行子宮呼吸，當我們開始直接對著負責療癒的「碗」（也就是你的女巫熔爐，你的骨盆腔）呼吸，就能夠將充滿活力的療癒能量送入子宮、卵巢、膀胱和子宮頸，喚醒它們，讓它們感受愛。

事實上，我也準備了「呼吸技巧」的工具箱，協助我的身體充滿愛和能量。

療癒的起點就是呼吸。

呼吸就是良藥

• 子宮和腹式呼吸

1. 將一隻手放在下腹部，放鬆胃部肌肉，緩慢地用鼻子吸氣，將新鮮空氣送入肺的底部。你應該可以感覺腹部肌肉正在往上，下肺部則逐漸擴張。
2. 繼續呼吸，感受胸腔往外延伸，鎖骨上揚。呼吸達到頂點之後，停頓一會兒，感受你的子宮和腹部都充滿了愛的能量。
3. 緩慢地從子宮排出空氣，穿過你的內臟，經由嘴巴吐出，心情也會改善，不要害羞，發出噪音沒關係。
4. 重複許多次，提升你的情緒。

• 海洋呼吸法（黑武士呼吸法）

如果你覺得憤怒、不悅或沮喪，可以嘗試海洋呼吸法，也稱為「歐傑」呼吸法（Ujjayi，發音是 oo-jai）。這種呼吸方法可以安定情緒，因為呼吸的聲音就像潮水拍打海岸，也像電影《星際大戰》的黑武士。

1. 比平常更深刻的呼吸，嘴巴緊閉，用鼻子呼吸，喉嚨肌肉用力。倘若作法正確，你的聲音聽起來就像浪潮之聲，或者說，黑武士。

2. 另一種方法則是張開嘴巴，一邊發出「哈」的聲音，一邊吐氣之後，閉上嘴巴，試著發出一邊發出同樣的聲音，一邊吐氣，感受空氣經過鼻腔，是不是很像黑武士的經典呼吸聲？

3. 一旦熟悉這種吐氣方法之後，用同樣的方法吸氣。記得要溫柔地使用喉嚨的肌肉力量。

在理想的情況下，你的呼吸聲就像海浪，你也能夠想像自己在夏威夷的海岸或溫暖的沙灘，肌膚甚至可以感受到太陽的溫度。或者，你甚至會覺得自己變成了黑武士，那也無妨。

• 藥草

藥草和植物的根莖都具備了醫療和魔法的特質。各種不同種類和外型的藥草，都有其內在的神靈、特性和品質。身為一位「甦醒女巫」的好處，就是你的女巫工作包括學習如何傾聽、觀察、嗅聞和感受藥草的特質，理解自然之母在人類周圍養育的禮物。藥草的用途包括製作茶飲、藥劑、塗抹在蠟燭上、增加法術的力量和意念、製作成焚香改善身體不適。然而，召靈和胡毒傳統的藥草用途，與女巫傳統的藥草用途不盡相同。

召靈傳統的信奉者習慣使用植物的根，女巫多半仰賴葉草和花朵。因此，胡毒的植物傳說和藥草學被稱為「根之術」，女巫的植物傳說和藥草學則是「藥草魔法」。藥草的世界沒有任何強硬的規定和迅速的學習方法，女巫和召靈傳統之間也有很多重疊的範圍，畢竟，它們已經影響彼此非常多年了。

● 必備藥草

為了妥善儲備女巫櫥櫃的材料，能夠事先取得幾項基礎的必要藥草是非常好的想法。但是，倘若你正在學習書籍的配方，通常會讀到一長串的藥草清單，如果該書的背景地點並非你的居住地，其中一些藥草可能非常難以取得。

以個人經驗而言，我發現幾項主要的藥草幾乎通用在所有魔法儀式。倘若你真的無法取得這些藥草，也不要擔心，請自由地選擇替代品。我的三項必備藥草推薦如下：

乳香（**Frankincense**）：脂狀，可以用於所有的淨化咒語，具備保護能力，非常便於使用。

檀香木（**Sandalwood**）：木片或粉狀皆可，檀香木同樣具備保護和淨化特質。倘若你的療癒魔法缺乏一種元素，可以用檀香木取代。

龍血竭（**Dragon's blood**）：粉狀，用於淨化和保護，也是愛情能量法術的必備原料。

以上三種藥草材料能夠讓你進行絕大多數的咒語和儀式。當然，讓女巫櫥櫃充滿足夠的材料是一種非常容易上癮的習慣，我認識的女巫多半都準備了超過必須數量的材料，我也不例外。

• 藥草的使用方法：

護身符和小香包：將藥草填入小纖維包或棉製茶包裡，就能製作成護身符或小香包。你可以隨身攜帶，懸掛在房子或汽車，埋葬或焚燒，取決於你的用途和正在施展的魔法類型。

焚香：你可以點燃藥草作為焚香，例如，鼠尾草能夠驅散空間內的負面能量。

沐浴：將藥草製作成香包後，用於儀式或沐浴。薰衣草等芳香藥草可以達到放鬆的沐浴效果，你也能使用特定的藥草，因應不同的狀況，例如尤加利葉可以緩和感冒症狀。

精油：將藥草泡入油裡，浸泡數天之後取出，就能製作成精油，用於女巫儀式，或者保養頭髮、肌膚和指甲（可嘗試椰子或荷荷巴油），也能製作具備香味的調味油（可嘗試將迷迭香浸泡於橄欖油中）。

茶：藥草泡製的茶水能夠緩和不適（但請你務必注意下方提到的醫療免責資訊）。特定的藥草茶也可以讓品嚐者進入適度的神遊狀態，例如纈草和卡瓦胡椒都有此效果。我最喜歡將藥草泡成茶水，我的奶奶更是藥草茶水界的女王。

魔法咒語：將藥草揮灑或放置在特定區域的邊界（例如居家住宅、祭壇或魔法女巫圈），能夠界定魔法工作的「領域」。

烹飪：你當然可以將自己喜歡的藥草用於食物烹飪和調味，不但有益健康，而且非常美味。

醫療免責資訊：

由於植物具備一定程度的醫療效果，因此能夠對你的身體造成影響，劑量過高、定期服用的期間過長，或者同時服用其他藥草、營養補給品以及藥物，可能造成相當危險的結果。如果你正在服用任何藥物，請在使用本書提及的藥草之前，與領有合法執照的醫療人確認，並且獲得同意。

除此之外，特定藥草對每一位讀者都可能產生不同的效果。如果你服用任何藥草之後，產生不舒服的副作用，請立刻停止服用，並且與領有合法執照的醫療人員討論，獲得同意之後，才能繼續服用。

最後，本書提到的所有藥草效果，不能作為合法藥物的替代用品，也不具備任何專業醫療診斷效力。倘若你身體產生疼痛不適，或者經歷長期的身心症狀，請立刻就醫或者洽詢領有合法執照的醫療從業人員。

無論身在何方，請尊重所有的植物。

請記得，「野草」是一種充滿偏見的用語。舉例而言，蒲公英的種子具備相當豐富的療癒和營養價值，不僅造福了許多野生生命，也可以裨益你的生命。請學習認識周圍的各種藥草，就算在城市裡，你也可以蒐集許多野生的藥草。

藥草是自然之母的禮物——用愛與智慧，善用它們的價值。

• 女巫的藥草

以下是我最常用的必備清單，我推薦你可以在女巫櫥櫃裡儲備這些藥草，能夠療癒調配藥劑、製作茶水以及配合咒語法術。

樟腦（**Camphor**）：樟腦有止痛效果，能夠緩和皮膚不適，對嘴唇、鼻子和燒傷的效果極好。樟腦也是女神的聖物，可以在滿月時作為女神奉獻品。除此之外，樟腦用於淨化、禁慾以及提升身體能量。

貓薄荷（**Catnip**）：可以緩和感冒與發燒症狀，有助消化且壓抑胃漲氣。貓薄荷也能增進人類和動物之間的情感聯繫，用於提升勇氣、愛和維持幸福。

卡宴辣椒（**Cayenne**）：這種辣椒是非常重要的急救藥草，辣度極高，但不會導致皮膚或真皮組織受損，有助傷口內外的血液凝結，能夠直接灑在被銳利物割傷之處，也有助於緩和心臟病症狀。

甘菊（**Chamomile**）：甘菊可以安撫身心靈的不安，是非常好的睡前藥草茶，也能夠緩和疼痛，招來好運（或改善運氣），避免房屋或個人遭到雷擊，祈求繁榮，協助冥想。

丁香（Clove）：丁香可以緩和牙痛、胃痛並且排放體內氣體，也能消除敵意或負面能量、增加個人收入、清理混亂的思緒，並且增進人際關係和愛情關係。

款冬（Coltsfoot）：款冬通常用於減緩疼痛，壓抑過敏和咳嗽症狀，對個人財富、物質生活和愛情咒語相當有幫助。

紫草（Comfrey）：紫草的營養價值很高，也能夠舒緩胃部不適、扭傷、拉傷、骨折、潰傷和關節炎，可以用於保護咒語，以及保佑旅行平安。

達米阿那（Damiana）：達米阿那是與性慾有關的藥草，也可以改善消化，緩和咳嗽症狀，用於性愛魔法、洞察和占卜。

魔鬼鞋帶（Devil's shoestring）[1]：魔鬼鞋帶可以祈求保護、幸運、升職或加薪，也能夠用於隱身術。

---

1 魔鬼鞋帶是美國德州的罕見原生植物，屬於北美絲蘭的一種，相當耐旱，葉緣粗糙，印第安人將此葉編成籃子或製為掃把。

茴香（**Fennel**）：有助消化，可以直接食用或製作成茶飲，具備減重、緩和脹氣、改善口臭等效果，也能夠賦予能量，提升性慾並且避免詛咒。

高良薑（**Galangal root**）：高良薑可以淨化人體內在器官，有助緩和感冒初期的症狀，用於魔法時，可以提升博奕投注的收入、法律官司的勝訴機率、性慾、破解他人施放的魔法、提升靈知能力。

大蒜（**Garlic**）：有益頭髮、皮膚、消化、肺部機能、血液健康，大蒜也可以降低膽固醇和血壓，改善耳朵感染、感冒和發燒症狀。將大蒜浸泡在橄欖油可製作成藥劑，用於療癒、保護和驅魔咒語。

生薑（**Ginger**）：能夠放鬆心情，享受大餐之後也可以使用生薑緩和胃部負擔，也可以改善發燒時的盜汗症狀，有益於肝臟機能。將生薑灑在覆盆子花茶則能夠提升催情效果。

人參（**Ginseng**）：許多不同的藥草都叫做「人參」（彼此之間並無直接的關連），例如韓國人參、西伯利亞人參、印度人參和美國人參。雖然各種人參的療癒能力不同，但多半可以協助身體調適壓力並且延年益壽。其中一些人參搭配聖約翰草之後，可以發揮抗憂鬱的功效，另外一些人參則可以提升體力，平衡人體賀爾蒙並且改善消化。

夏枯草（**Heal All**）：夏枯草的英文代表「療癒一切」，名符其實地有助於緩和各種症狀，製作成漱口水，能夠改善喉嚨不適，也可以製作成敷藥，有助於改善小傷口、擦傷和挫傷。夏枯草用於法術時，則能夠提升博奕的勝率。

木槿（**Hibicus**）：木槿可以改善抽筋，緩和皮膚搔癢或輕微的蜜蜂螫傷，泡製成新鮮的茶飲或者擦拭在皮膚上即可，也能夠改善呼吸口氣，吸引愛情。木槿用於魔法，則能夠讓你進入夢境，協助占卜。

征服者約翰（**High John the Conqueror**）：征服者約翰顧名思義能夠協助你戰勝各種難關，也可以祈求好運、金錢收入、愛情、健康、庇護以及尋求失物。

茉莉花（**Jasmine**）：茉莉花的氣味宜人，可以舒緩緊張，改善蛇咬的傷口，吸引金錢和愛情，用於占卜、注入水晶能量和月之魔法。

卡瓦胡椒（**Kava Kava**）：卡瓦胡椒在某些地方並不合法。倘若你居住的地點可以合法取得卡瓦胡椒，這是非常好的催情藥草，製作成藥水之後可以讓人看見幻境，進入靈魂旅程，也可以祈求旅行平安。

薰衣草（**Lavender**）：薰衣草幾乎符合所有功能，製作成飲品可以改善胃部問題，緩和噁心想吐；薰衣草也能減輕各種症狀、改善人體內部機能、有助心靈平靜、減少壓力、尋求愛情、財富、庇護、吸引好的神靈和妖精、淨化、平靜的睡眠、緩和頭痛。薰衣草精油有助於緩和月事疼痛。

艾蒿（Mugwort）：艾蒿能夠提升胃口，改善消化，同時有助於女巫看見幻境、夢想、占卜、尋求庇護以及提升旅行時的身體能量。艾蒿也可以讓占卜工具充滿神聖能量，增加顯像占卜工具的魔力。

廣藿香（Patchouli）：廣藿香可以扭轉法術咒語的效果，平靜地擺脫麻煩和困擾。你也可以在預視、占卜、性愛魔法中使用廣藿香，或者開闊財源。

薄荷油（Pennyroyal）：警告，請微量使用薄荷油，懷孕時絕對不能使用薄荷油是薄荷淬取物，能夠驅蟲，緩和皮膚搔癢或神經不適，壓抑噁心或感冒症狀，也能夠讓儀式及祕儀工具充滿神聖能量。

薄荷（Peppermint）：另一種薄荷類的藥草，能夠改善噁心（以及暈車），舒緩胃部不適和心悸，有助於改善感冒症狀。薄荷的性質偏涼，有益睡眠和提升夢境可見度，增加你的靈知感應能力。

車前草（Plantain）：有助於血液解毒，能夠改善毒藤蔓、蛇咬、蜜蜂螫傷、蚊蟲咬傷等症狀。摘下車前草的葉子，將汁液塗抹在傷口處並且定期更換。或者，你也可以將車前草製作成茶水、食品或直接咀嚼葉子。

覆盆子葉（Raspberry leaf）：覆盆子有益腎臟健康，改善感染、腹瀉、噁心想吐以及感冒症狀，也能緩和緊張，保養懷孕後期的子宮（請在醫師同意下使用）。除此之外，覆盆子也有助睡眠平靜，協助女巫看見幻視，祈求庇護和愛情。

迷迭香（Rosemary）：可以刺激神經，有助消化，改善記憶力並且舒緩疼痛。迷迭香的氣味有助緩和憂鬱。你能夠將迷迭香用於庇護魔法、驅魔、淨化、療癒和刺激慾望，把迷迭香加入至焚香中，也能助燃並且製造煙霧。

薔薇果（Rose hips）：薔薇果含有豐富的維他命C，營養價值極高而且相當美味，有助於緩和感冒及發燒症狀，也可以促進排泄，改善痔瘡。薔薇果可以祈求好運、召喚良善的神靈。

鼠尾草（Sage）：鼠尾草可以用來抑制出汗，協助傷口癒合，幫助消化，改善肌肉和關節疼痛，除此之外，能夠顯著減緩更年期女性的夜間盜汗以及中暑的出汗。鼠尾草製作成茶水之後，可以改善口腔傷口不適，並且減輕感冒及發燒症狀。將鼠尾草用於魔法咒語中，可以祈求智慧、療癒、財富、庇護和延年益壽，同時也是相當好的儀式焚香材料。

檀香（Sandalwood）：檀香可以敷在肌膚上，緩和瘀青和輕微的傷口，也能改善發燒症狀。檀香的魔法效果則是提升靈視、庇護、淨化和冥想。在儀式中焚燒檀香，有助於魔法咒語、刺激性慾並且提升療癒魔法的效果。

美黃岑（Skullcap）：美黃岑有鎮定和安眠效果，具備輕微的鎮定功用，能夠減緩神經緊繃，緩和藥物和酒精的戒斷症，也可以減緩焦慮並且增進內心的放鬆和平靜。

聖約翰草（St. John's wort）：聖約翰草可以改善傷口癒合，增進免疫力，緩和失眠，減緩頭痛和生理痛，提升情緒（改善憂鬱），也能夠用於庇護、驅魔、振奮勇氣和占卜儀式。

纈草（Valerian）：纈草能緩和神經緊繃，有助睡眠，舒緩緊張，也可以改善痙攣，降低血壓，用於愛情、淨化、占卜和黑魔法。

馬鞭草（Vervain）：馬鞭草能夠緩和輕微的疼痛、頭痛、牙痛、關節痛和發炎，也可以提升睡眠品質和舒緩神經緊張，用於庇護、淨化、灌注神聖能量的魔法，也可以製作成愛情和創造的藥水。

女巫的療癒茶飲

「茶，一開始是藥品，後來才成為飲品。」此話出自日本明治時期的藝術評論岡倉天心。我的奶奶非常喜歡沏茶。她有一本食譜可以療癒各種疑難雜症，我現在終於明白為什麼了，因為藉由喝茶，我們能夠輕鬆地享受藥草對人體健康的優點。

去年我休養身體時，一位女巫朋友克雷兒・法赫斯特（Clare Fairhurst）聽見了召喚。每天早上，我都會在廚房看著她使用美麗的藥草瓶子，優雅地進行沏茶儀式，讓我享用溫暖的茶飲。我結束休養之後，開始效法克雷兒，將喝茶轉化為療癒和儀式。我找出奶奶的藥草，購買了一個漂亮的玻璃茶壺，以及巧小迷你的掌上茶杯，開始回憶女巫的藥草茶飲學。

現在，我經常在品嚐溫暖的茶水時，聽見奶奶的耳邊細語。我用藥草茶飲緩和生理痛、神經緊繃以及提升免疫力。沏茶和飲茶已經成為相當美妙的儀式了。我最常品嚐奶奶用來緩和生理痛和舒適子宮的配方。我也很喜歡緩和流鼻水或提升免疫力的藥草茶。

請容我稍微讚美自己，因為我將這些茶飲稱為「免疫茶」。

免疫力的英文是 immunity，免疫茶則是 immuni-tea，這是很聰明的雙關語吧！

●免疫茶：

請準備以下的藥草，份量從一茶匙至一杯都可以，取決於你想要製作的份量。

我個人使用乾燥藥草。

材料：

一份接骨木莓果；
幾朵接骨木花；
一份甘菊；
一份薔薇果；
一份紫錐花。

混合所有的藥草，存放在密封容器。

配方：

一茶匙的混合藥草必須對應一杯熱水，將份量相符的混合藥草與熱水浸泡二十分鐘（也可以存放一夜，讓水吸收更多藥草成分）。

倘若你希望輕鬆地飲用，可以用過濾器濾掉藥草，加入蜂蜜增加額外的療癒效果，也能加入甜葉橘增加甜味（甜葉橘藥草或者甜葉橘淬取液皆可），或者不加任何調味。免疫茶適合所有年齡，冷熱都非常美味。但是，如果你有免疫系統的疾病，請慎重使用任何與免疫系統相關的藥草，必須經由專業的醫療人員判斷同意之後，方可使用。

既然討論了藥草茶，一定要分享我個人的最愛（我是女巫，當然有很多最愛的藥草）。倘若你不知道達米阿那，現在一定要立刻把握機會。長久以來，墨西哥的原住民都很清楚，達米阿那是一種相當有潛力而且受歡迎的催情藥草，太棒了。

現代的墨西哥人經常將達米阿那調配在藥草酒裡，搭配香草、高良薑、肉桂、多香果、蜂蜜和萊姆，一起浸泡兩個星期。一般相信，將達米阿那灑在你心儀對象的食物中，可以催情。除此之外，達米阿那也能夠用於藥草浴，藉此開創新戀情。達米阿那製成的護身符可以保佑你找回失去的愛情（請注意，你想不想這位愛人回來，又是另一回事，請謹慎使用）。我個人認為達米阿那令人放鬆，立刻能夠重拾好心情，其實很有道理，因為它原本就是放鬆緊繃神經和減緩憂鬱的傳統良藥。我也發現達米阿那有助於進入白日夢和冥想。不過，我必須老實地告訴各位讀者，達米阿那也會讓你進入有一點點情慾色彩的夢境（眨眼）。倘若你還沒有因為以上的介紹愛上達米阿那，容我敘述最後一個的優點，它是對女性健康最好的藥草之一，有助於減緩生理期造成的疼痛、易怒和情緒起伏。

- **達米阿那茶（Damiana）**

準備兩茶匙的達米阿那，加入沸騰的熱水中，等待五至十分鐘。加入蜂蜜或些許玫瑰花瓣，增添浪漫色彩與療癒效果，享受溫熱的茶飲。

精油

精油和其芳香氣味的傳統非常悠久。根據古埃及的象形文字，數千年前的鍊金術師就會使用植物和藥草的淬取液進行療癒和儀式。古埃及的法老王持續地用藍色蓮花精油，和印度的國王交換黃金和其他貴重物品。沒錯，在那個年代，精油的價值和黃金一樣珍貴。精油能夠療癒，讓人重返青春，因此長久受到推崇，現代醫學的臨床研究也證明了高品質的精油——直接由各種植物的皮、根、莖、花朵、果實和葉子淬取——可以對人體的身心靈創造良好的療癒效果。

• 精油的使用方法

精油的濃度很高，你只需要一、兩滴，就可以製作魔法（不過大家都知道我太喜歡在洗澡時使用玫瑰精油了，我還能說什麼，我就像埃及豔后克麗奧佩托拉）。

我推薦你先試聞各種不同精油的味道，理解自己的喜好（以及不喜歡的種類），查詢其特性和益處，就可以製作個人的精油清單。將精油儲存在密封的罐子之後，擺放在陰涼的暗處，可以保存好幾年。然而，請務必理解精油的來源地。近年來，合成精油市場蓬勃發展，市面上的許多精油都是以植物油和合成香精調配而成，不但減少了精油的療癒能力，也會讓你接觸有毒物質，請務必謹慎地確認你購買的精油經過合格獨立的實驗室檢驗，擁有正式的文件資料，證明其品質純正且具備一定療癒效果，而不是味道好聞的合成品。

精油名稱	魔 法 特 性
大茴香（八角）Anise	提升靈視和靈能感知
羅勒 Basil	意識清醒、幸福、平靜、增進財務收入
佛手柑 Bergamot	平靜、幸福、安心睡眠、減輕壓力
黑胡椒 Black Pepper	心智警覺、身體能量、庇護、勇氣
雪松 Cedarwood	精神、自制、治癒、破解其他魔法
肉桂 Cinnamon	身體能量、庇護、靈能感知、富饒、治癒
快樂鼠尾草 Clary Sage	心情愉悅、冷靜、夢境
丁香花苞 Clove Bud	治癒、記憶、庇護、勇氣
咖啡 Coffee	意識清醒、打破僵局
柏樹 Cypress	擺脫、撫慰、放鬆、治癒、祝福、充滿神聖能量
龍血竭 Dragon's Blood	庇護、淨化、愛
尤加利樹 Eucalyptus	健康、治癒、淨化
乳香 Frankincense	幸福、庇護、儀式和魔法的力量
薑 Ginger	魔法能量、身體能量、性、愛、吸引財源、勇氣
葡萄 Grapefruit	淨化
牛膝草 Hyssop	淨化、意識清醒
薰衣草 Lavender	健康、愛、平靜、放鬆
檸檬 Lemon	能量、健康、治癒、身體能量、淨化
檸檬草 Lemongrass	靈能意識、淨化
萊姆 Lime	淨化、身體能量、庇護

精油名稱	魔法特性
蓮花 Lotus	精神、治癒、冥想、開創新的計畫、提升精神
墨角蘭 Marjoram	平靜、禁欲、睡眠
艾蒿 Mugwort	靈能感知、靈夢、與星辰之間的情感感應
沒藥 Myrrh	精神、冥想、治癒
橙 Orange	淨化、喜悅、身體能量、魔法能量
廣藿香 Patchouli	性、金錢、身體
薄荷油 Peppermint	意識清醒、淨化
松木 Pine	治癒、淨化、庇護、身體能量、金錢、魔法能量
迷迭香 Rosemary	延年益壽、金錢、愛、意識清醒、治癒、淨化
玫瑰 Rose	愛、平靜、性、美麗
鼠尾草 Sage	記憶、智慧、金錢、淨化
檀香 Sandalwood	精神、治癒、淨化、冥想
綠薄荷 Spearmint	治癒、保護睡眠
橘子 Tangerine	生活幸福、擺脫身體和社會的負擔、增加混合力量
茶樹 Tea tree	和諧
香草 Vanilla	性、愛、身體能量、魔法能量
香根草油 Vetiver(t)	庇護、金錢、解除咒語
冬青樹 Wintergreen	庇護動物、好運、金錢
苦艾 Wormwood	催情、靈視能力、破解咒語、愛、與靈能感應有關的任何事物
依蘭 Ylang-Ylang	愛、平靜、性

水晶的妙用

我知道水晶並非藥草，但它們也是大自然之母的禮物，蘊藏療癒的能量，絕對是女巫醫療箱的必備物品。

經由新時代運動的推波助瀾，水晶的受歡迎度有時超乎常理，但古代文明早已認為水晶擁有神聖的能量，也相信水晶守護著重要的祕密和訊息，能夠用於冥想和療癒。全球的現代科學家和科技迷珍惜的科技力量，其實也蘊藏在各種石頭（水晶）中，包括鐘錶、電腦和雷射科技。

水晶來自大地之母，法杖的頂端通常也會相嵌一顆水晶，增強召喚與顯靈的能力。你可以在物品上放置水晶，解除任何妨礙的能量。例如，我在月事週期疼痛時，就會在肚子（子宮）上方放置一顆紅玉髓水晶，有助緩和疼痛。水晶也能和死者溝通，協助占卜。水晶就是精神界的智慧型多工裝置。

購買時，請盡量挑選外觀自然的水晶。倘若水晶的外型圓滑平順，代表它們已經被化學藥劑洗滌，並且受到暴力的切割處理，藉此強化色澤和外型的一致。我個人喜歡原始自然的水晶。

以下是我個人最喜歡且最常使用的水晶，以及這些水晶的用途：

紫水晶（Amethyst）：紫水晶是天然的抒壓工具，能夠鼓舞你的內在力量，帶來財富，增進配戴者的商業意識。紫水晶象徵精神成長和庇護，可以讓配戴者的心靈清澈，感覺和諧，並且深刻地理解自己。

紫水晶的用途包括驅散負面能量，吸引正面能量，妥善地保護家園。事實上，紫水晶是最能夠防備負面能量的水晶之一。

雞血石（Bloodstone）：數千年來，人類世界的療癒者都非常看重雞血石的強烈療癒能量，能夠淨化並且驅散人體內的毒素，壓抑負面能量，淨化身體內在的能量。雞血石也可以增進能量與力量，讓身體得到源源不絕的能量支持，對運動員以及勞力工作者相當有幫助。

紅玉髓（Carnelian）：紅玉髓擁有強大的脈輪能量，可以增進個人能量以及身體能量，喚醒你的勇氣和熱情，並且提升創造力。

配戴紅玉髓可以提升活力和意志，讓你充滿自信，開啟新的計畫，實現夢想。你可以在面試工作時配戴紅玉髓，因為它可以帶來好運和機會，喚醒你的內在天賦。古埃及人用紅玉髓埋葬愛人，因為他們相信，紅玉髓可以保護死者的輪迴旅程，消除重生的恐懼。

矽孔雀石（Chrysocolla）：非常強而有力的水晶，可以舒緩沉重的壓力。矽孔雀石連結了喉輪，協助你更清楚地表達想法。矽孔雀石能夠消除各種負面情緒，特別是變動時期的壓力，例如分手或失業。每天配戴矽孔雀石，有助於安撫情緒，以輕鬆的心情，面對挑戰和改變，調整內在平衡與自知，提升付出愛情的能力。

黃水晶（Citrine）：黃水晶充滿陽光和幸福，沒有任何負面能量，因此不需要淨化。配戴黃水晶可以帶來心靈清明，協助我們在生活裡實現所有理想。除此之外，黃水晶可以啟動我們的想像力，思緒變得清晰，眼光更有創意，也會建立積極的世界觀。太陽是黃水晶的能量，可以溫暖、清理並且提供身體的能量，特別是心窩肌部位。

白水晶（Clear quartz）：白水晶是清澈的石頭，可以鼓舞活化身體中央的能量，協助我們更清晰地思考，集中注意力，鮮明地理解自己的夢想和欲望。藉由提升精神發展，白水晶也幫助我們移除身體的阻礙，讓能量順暢地流動。

石榴石（Garnet）：石榴石代表健康和能量，可以增強熱情和喜悅，幫助身體的「氣」與「能量」流動，刺激身體活動力。

石榴石也可以改善憂鬱，因為它帶來喜悅和希望，讓我們學習如何消解對自己的憤怒，淨化負面能量，重新創造正面能量。

赤鐵礦（Hematite）：赤鐵礦擁有非常飽滿的保護能量，協助你安然度過所有狀況，吸收負面能量，舒緩壓力和擔憂。配戴赤鐵礦讓你感受平衡、冷靜和集中，消除自我限制，找到獨特的天賦。

翡翠（Jade）：一般相信翡翠是非常好的幸福符，協助你完成目標及夢想，讓你看見過去的自我限制，並且在現實世界中實現理想。

翡翠也可以提升勇氣、熱情、慷慨並且延年益壽，幫助你找到更多采多姿且有意義的生活。翡翠的歷史非常悠久，數百年來都是亞洲歷史的重要一環。

碧玉（Jasper）：碧玉的療癒能力極高，也擁有豐富的穩定能量，可以讓你深刻地連結地球律動，理解大自然的偉大力量，掃除歧見，從靈魂深處明白人與人之間的聯繫。特定的美洲原住民文化認為，碧玉象徵了地球之血，因此特別神聖。

拉長石（Labradorite，又名光譜石）：拉長石能夠刺激你的直覺，淨化並且開啟頂輪，讓你清晰地看見夢想和目標，決定實現方式。你可以使用拉長石刺激想像力，發展熱情，在冥想裡看見更多景致。

青金石（Lapis Lazuli）：自古以來，青金石就存在於地球，具備意識能量，可以讓你看見更崇高的真理，提升你的口語表達能力，開啟並且淨化你的喉輪。青金石也提供了智慧，讓你感應自己的精神守護者，保護你不受負面能量的攻擊，並且將負面能量驅散至其源頭。

孔雀石（Malachite）：孔雀石孕育「變形」能源，能夠淨化並且轉變所有的脈輪，它也擁有療癒能量，可以刺激並且平衡你的心臟脈輪（心輪）和喉部脈輪（喉輪）。除此之外，孔雀石驅散負面能量，讓你找到希望，藉此療癒內心並且重新獲得能量。孔雀石的特質就是鼓舞、淨化和同情，你將因此敞開心胸，吸引愛情。

月光石（Moonstone）：一般相信月光石是命運之石，它和月亮及女神之間具備強烈的聯繫，因此是非常好的女性水晶。配戴月光石有助於生育，達成心靈和諧，庇護健康。月光石可以刺激賀爾蒙分泌、新陳代謝以及生育，讓內心產生堅固的能量，率領我們前進。

黑耀石（Obsidian）：黑耀石是火山炎漿急速冷卻後凝結的玻璃質礦物，擁有穩定的能量，讓我們連結足部的脈輪（海底輪）以及地球的核心。黑耀石也有助於消除負面能量，並且釋放造成負面能量的情緒，例如憤怒、恐懼、嫉妒和貪婪。

縞瑪瑙（**Onyx**）：具備強大的庇護能量，可以保護你的心靈和身體免於電磁波的干擾，縞瑪瑙能吸收且轉化負面能量，避免正面能量的流失。縞瑪瑙能協助對抗憂鬱，釋放負面情緒，緩和恐懼，讓內心感受趨於穩定和安全。

玫瑰石英（**Rose quartz**）：玫瑰石英代表無條件的愛，是心臟部位脈輪（心輪）最重要的寶石之一，能夠開啟心靈，接納所有的愛——愛自己、愛朋友以及情人。玫瑰石英的柔順能量可以孕育同理心，讓你與他人相互理解且原諒彼此，降低心靈的緊繃，清除對他人的憤怒、嫉妒和憎恨，將玫瑰石英握在手中，能消除負面能量，療癒自我。

透石膏（**Selenite**）：透石膏是最理想的能量淨化水晶，可以清除且庇護你的能量身體，也能用來淨化家中或其他水晶的能量，迅速地掃除負能量，讓正能量流通。將其他水晶放在透石膏上，可以放大其能量，因此，透石膏是非常完美的活化工具，讓其他寶石再度得到療癒能量。近年來，透石膏也受到全人醫療（holistic treatment）的青睞，成為物理治療的工具，有助於緩和癌症引發的病徵。

煙水晶（**Smoky quartz**）：煙水晶協助你穩定情緒，與地球建立聯繫，保持平衡，腳踏實地。煙水晶散發強大的能量，可以吸收且轉化負面能量。煙水晶也能移除心智和情緒的阻礙，舒緩疼痛，驅散體內的負能量。配戴煙水晶可以得到情緒支持，緩和憤怒和怨恨。

虎眼石（Tiger's eye）：虎眼石讓身體得到全面的平衡，帶來樂觀心態並且信任未來，讓你透徹地看清楚眼前局勢，解開所有問題。配戴虎眼石也可以帶來好運、富足與繁榮。在許多古代文明中，虎眼石是對抗厄運及詛咒的護身符，也是家庭療癒的必備品。

• 淨化水晶

如果你在商店購買水晶，它可能已經被許多人摸過，留下了他們的能量指紋。淨化水晶並且使其重新充滿能量，能夠將水晶恢復至中性狀態，也可以清除負面能量。請發揮直覺，順從內心的想法。

淨化水晶的三個步驟：

1. 將水晶握在你的手上，用自來水或河水沖洗數分鐘。
2. 讓水晶吸收陽光及月光（最好是滿月），兩種光線都要二十四小時、三天或七天的充能時間，你可以自行決定。

3. 如果你認為水晶需要重新充能，重複上述步驟。水晶的能量通常可以保持數個月。

倘若水晶與其他金屬珠寶相連，請不要沖水淨化，點燃鼠尾草，用煙霧圍繞珠寶即可。除此之外，你可以將水晶擺在巨大的紫水晶上，靜待二十四個小時，也能達到淨化效果。

• 重新設定水晶的用途和能量

每種水晶都有其魔法特質——例如愛情、富饒、緩和疼痛以及協助溝通。然而，你可以重新設定水晶的用途，或者增添能量，強化其用途：

1. 決定水晶的用途，你希望藉由水晶冥想，或者集中注意力？還是療癒破碎的心？
2. 下定決心之後，以慣用手握住水晶，想像子宮發出一道明亮的白色光線，包圍你的身體，再將光線導引至水晶，使其充滿光明的能量。
3. 感謝水晶的協助。例如，你可以說：「謝謝你照顧我的心靈。」、「感謝你讓我在公眾場合暢所欲言。」或者「我現在很快樂，謝謝。」

● **其他方式：**

陽光：陽光是非常好的能量來源，可以隨時用來淨化水晶能量，只需要單純地讓水晶沐浴在陽光下，重新充滿能量。

土壤：將水晶埋藏在花園的土壤中，就能有效地淨化水晶中的負面能量。

石英水晶：把水晶放在一塊巨大的石英水晶上，靜待幾個小時，就可以迅速地淨化負面能量。

尋找適合你的女巫之道

我的女巫藥草學只是一個起點，讓你發展自己的女巫之道。嘗試本書提到的所有配方、法術、精油和水晶之後，請記得書寫你的發想，包括你使用的材料，成功的經驗和失敗的嘗試，以及當時的月亮循環週期。發掘新的藥草、精油和水晶，注意其特質，讓自己接受它們的引導。更重要的是，在探索的過程中，一定要信任自己。

信任是最後一個材料，因為我們早就擁有療癒的所有原料了。

奶奶以前會在週六早上邀請我到她家，讓我用各種藥草沏茶或製作飲品。我當時不清楚藥草的療癒或魔法特質，但我總是很開心地用湯匙舀出罐子裡面的藥草，與其他藥草混合。我們一起品嚐飲料，雖然不見得美味，但奶奶蒐集了許多藥草讓我選擇，它們全都具備了良好的特性。

我現在才明白，奶奶想要讓我放鬆直覺，信任自然世界的導師，包括植物及長者，最重要的是，信任自己。我很感激奶奶，我現在的日常生活就是仰賴信任和直覺反應，例如，我用手撫摸另外一位女性的子宮，就可以知道她的右卵巢不健康，因為她六歲的時候經歷了一場創傷。

或者，當我聆聽一位女士描述痛苦的月事週期，也能夠立刻知道她與交往對象的關係不健全，因為她們都沒有忠於彼此。

更重要的是，因為我信任自己和自然世界的導師，我可以明白應該用什麼行動、藥草和精神儀式進行奉獻，才能幫助並且療癒他人。

一旦你與睿智的女神重新建立連結，感受全知的她、你的祖先以及歷史上的女性，你也能夠成為擁有強大能量的療癒者。

如何療癒自己和世界的女巫

外出尋找藥草：走入自然世界，拍攝或者繪製你發現的藥草，回家之後，變身為科技迷，上網尋找藥草的特質與用途。

在你居住的城市中尋找藥草專家。有些藥草專家願意陪伴客戶外出採集藥草，或者開設相關課程，這其實是認識大自然之母的教學課程。

不要害怕提出問題：其實，我想鼓勵你質問一切。倘若你聽見任何人說某個藥草很適合吸引愛情，但你把藥草握在手上，貼近自己的心，卻聽見不同的訊息，這種時候要相信自己。如果你在白日夢中聽見某個訊息請你把兩種藥草沏成茶，也務必嘗試看看。

請記得，治療的形式千變萬化。大自然的治療方式不只是藥草、訊息或精油。事實上，我迄今受益最多的治療方式是「感受」。

請讓自己感受一切，即使痛苦，也不要退縮，或許你能夠從中感受充滿療癒能量的經驗。

閱讀這本書的情緒體驗，可能讓你想起自己身為女巫的本質。然而，疾病或不適帶來的慢性身體疼痛，也可能是你需要的解藥（雖然不見得是你想要的），協助你重新感受身體。

第十二章

女巫師

凡是女人所在之處，就會有魔法

我最早的網路事業之一就是「美麗的女巫」。我販售手工製作的天然香水、水晶和精油，再用月光加持一下，其中一個產品蘊藏咒語和魔力，名叫「美麗與危險」。我也會在網路上替客戶解讀塔羅牌，開授「如何解讀塔羅牌」的線上課程。

我當時並不知道我取的這些名稱有多大的潛在力量。「美麗」的英文是SASSY，分別是精神（Spiritual）、真實（Authentic）、感官（Sensual）以及感性（Sensational）的你（You），我真的很喜歡縮寫文字！

但是，我還在考慮要不要用「女巫」這個名稱。

那個時候，我剛結束一段八年的戀情，對方從來不支持我、尊重我，或者以我為榮。我希望成為女巫。

我說的是傳統印象中的女巫，就像電視上的安潔利娜・裘莉那樣。黑暗危險的女巫，性感狂野，能夠在一瞬間拐跑你的伴侶。

我知道這種女巫形象已經過時了，只是舊時代的角色。然而，開始使用「女巫」這個稱號之後，你將親身感受女巫的真正含意，當我開始探索「女巫」的真實意義後，也親身感受到她的存在。

我和她的雙眼對望。我們的乳房彼此相對。我們的子宮相互連結。我們看見了彼此的本質。

我早就感受過女巫的力量了。沒錯，我是天蠍座，當然體驗過黑魔法。有時候，女巫的力量太強大，我甚至鼓起勇氣，偷偷借用魔法的力量。例如，我曾經和閨蜜好友到巴黎，一起閱讀阿尼斯．尼恩的作品之後，感受其中的魔力，親吻了街上的英俊男子（順帶一提，尼恩的作品太強大了，請適度閱讀）。

結束八年的戀情之後，我放棄尋找伴侶，決定遊戲人間，到處留情，經歷許許多多的露水姻緣。

我體驗誘惑與情慾，歡愉和慾望之後，卻聽見了召喚。我被狠狠地打回正軌（雖然這只是比喻上的說法，但其實我也確實被朋友打了幾巴掌，想要勸醒我），鼓起勇氣，按照自己的方式，正確地探索並且滿足生命的需求。

父權社會想馴服我，強迫我順從，要我閉上眼睛（還有雙腿），不要看見潘朵拉之盒的祕密。

但潘朵拉的意思是「所有禮物的贈送者」。一旦你遇見女巫，她就會挑戰你是否有勇氣打開潘朵拉之盒（以及你的雙腿），因為她知道那是女性力量的泉源。

也是你的力量泉源。

是的，你的力量蘊藏在兩腿之間，一旦你能夠重新連結自己的女性景致——包括你的子宮、陰部、陰蒂、卵巢、慾望和歡愉——就會明白這是生命的禮讚，協助你重新找回女性的力量、權威以及和諧一致，而父權社會教你成為一名「乖女孩」，全都是難以忍受的錯誤想法。

是的，女巫擁有改變現況和操控一切的魔力。她是一位真正的鍊金術師，能夠用一個吻，將痛苦的淚水化為快樂的笑容，也是我們的好友，可以用言語消解恐懼，更是一位實現思想的行動家。

是的，女巫擁有自給自足的能力，也知道只要照顧自己，就可以變得完整一致，服務女神和世界。

是的，女巫狂野憤怒，也清楚壓抑隱瞞怒火，無法幫助任何人，包括她自己。

是的，女巫在黑暗世界依然覺得舒適，也明白深入黑暗才是侍奉光明的唯一道路。

是的，女巫性感、充滿誘惑，能夠吸引任何人，實現了女人血液的天性。

你知道嗎，女巫就是你，你就是女巫。

女巫請你奪回屬於女人的天性，不，這是她的要求。你不應該將女人天性視為邪惡的詛咒與危險，那只是父權社會的錯誤教導。

她要求你理直氣壯地找回一切。

誰是女巫？

現代世界有一種對女巫的想像。然而，在父權社會出現之前，古代世界早有真正的女巫，不是現代媒體為了讓我們畏懼「女巫」的抹黑和造謠。你是不是覺得父權社會的手法相當耳熟呢？

女巫代表你的一切，包括好與壞，光明與黑暗。她善用萬物，讓你在這座世界上留下女性力量的足跡（以及女性陰部創造的美好），用深邃、美麗且永恆不朽的方式，展現你的傳承與狂野不羈的不完美。

女巫（Sorceress）與根源（Source）兩字的相似度，讓你知道自己就是生命的根源。

雖然你可能不相信，但你不需要四處尋覓生命的根源。因為你早就是生命的根源了。你可以在任何時間取用能量，轉化、洗鍊並且整合所有的教誨、知識、黑暗和經驗。

這就是父權社會千方百計不希望女人找到的生命必需品，如此浩瀚巨大且不可或缺。

我們可以完全地轉化並且精鍊自己的生命經驗。我們可以改變一切，召喚世上所有的女神共襄盛舉。

如此一來，你就能找回不受控制的狂野本性，妥善地發揮生命的光彩（事實上，只有男人會覺得女人難以控制；我們只需要一些練習，就能夠妥善地與自己和平共處）。

女巫——我和你——蘊藏著無限的力量以及點石成金的能量。

男人要求我們害怕自己的潛能，不得崇敬欣賞。

我們希望變得性感，自信且充滿能量，卻不能太性感，不可以讓別人覺得我們是「蕩婦」。何謂蕩婦？身為女性，只要享受性愛，男人認為我們行為不檢，就會被批評為蕩婦。

我們必須保持自信，但不能變得傲慢或浮誇。我們必須謹慎地調節自己的力量，不可以傷害他人或失去控制，這可能是最難的部分。

但是，各位女巫朋友，我保證，你絕對可以駕馭自己的力量。

一起感受身體的能量吧。

重新點燃身體內的巫術之源。

深呼吸，經由鼻子，將新鮮的空氣深深地送入你的內在核心。

用你的女巫鍋爐（骨盆）感受空氣，讓身體內在的所有事物，感受prana（生命的能量）。

是的，骨盆是顯現和創造的空間，更重要的是，你的能量來自於骨盆。如果你的生命無法連結骨盆，貿然地走入狂野的女巫世界，將會讓你踉蹌跌倒。

（以上是我個人的慘痛經驗）

各位女巫，站穩腳步。

一起感受自己的身體。

將新鮮空氣送入骨盆。

讓你的火焰、憤怒和熱情——父權社會要你收斂、壓抑且調節的種種欲望——

傳入骨盆。

我們已經忽略這些感受太久了。

我們已經忽略女神太久了。

你已經不需要害怕。

用你身體的核心，感受這份信念，品嚐它、聞嗅它、記錄它。與這份信念一起行動，帶著這份信念哭，擁抱這份信念。

女巫即將重回野性。

回到我們內在的狂野。

回到我們的真實本質。

擺脫父權社會要求女性相信的謊言，回到謊言背後的女巫本質。

女性的愛就是真正的女巫術，女神即將點燃你的狂野。

何謂重新找回狂野

重新找回狂野，就是奪回你的女性狂野本質，包括……

擺脫父權社會加諸在你身上的枷鎖，一切的標籤和限制。

你不再忽略自己的憤怒、熱情和真實情感，找回真實的自我。

你可以用身體內外徹底地感受並且表達，找回真實的自我。

一旦完全體驗身為女人的意義，你就找回了真實的自我。

一旦你同意重回野性，再也不需要抬頭仰望，或者外出尋覓各種指引了。相反的，你下定決心，返回自己的內在，面對自我。你將與自己眼對眼、乳房對乳房、子宮對子宮，看見陰影和真理，這一切的意義究竟是什麼呢？

這就是女巫的使命。

許多女性迴避自己的使命，我可以理解。太危險了，感覺就像放棄一種熟悉的自我，一種錯誤的自我，你不自覺地相信那才是你的本質。

你必須重新檢視所有習慣和行為、遮掩真實自我的面具，以及用來壓抑內心感受的手段。你即將看見血腥的傷口，不只是你自己的傷口，而是我們在第四章提到的女性傷口。

重回野性邀請你進入宇宙的子宮以及深邃的知覺之海，你能夠在海水裡親眼目睹生命的真理。在所有虛偽的標籤和荒謬的故事背後，藏著所有的愛。

萬事萬物的愛。

除此之外，當你開始重回野性，倘若你曾經非常相信父權社會教導的「愛與光明」面具（「女性的優雅」、「精神的輕盈」或「為社會服務」），你可能無法感受愛與療癒。

相反的，根據我的個人經驗，你可能會覺得自己變得混亂無比，就像一場亂七八糟的可怕挫敗。

不僅如此，你周圍的朋友也完全無法理解，甚至手足無措，其中一些人要求你恢復「正常」，因為他們覺得不自在。或者，他們會說你變了，必須重新簽訂一份「沉默的合約」才能保障「你的安全」。

對我而言，書寫這本書，就是一場浩瀚的重回野性之旅。

（沒錯，重回野性並非一蹴可及，而是蘊藏著許多層次、角度和危險的懸崖。一旦你終於釐清真相，才可以用不同的角度觀看一切，屆時你一定會感謝我，只是一開始可能沒有辦法理解。）

我自身經歷了在本書文字裡分享與探討的一切，而這個過程非常痛苦。

倘若你追蹤我的 Instagram，就能親自見證我的重回野性。我的生活變得混亂。

長久以來，女性總是被父權社會馴化和壓抑，他們要求年輕的女孩子必須「保持安靜，不要引人注目，絕對不能哭」。重回野性讓我們洋溢真正的女性特質，讓全世界看見我們的情感和混亂，其實是一個艱鉅的使命。

倘若你正在經歷月事週期，我邀請你在這段時間探索自己的狂野。如果你已經停經，也可以在新月的黑暗時間裡，重回野性。因為，女性的狂野本質，包括我們的真實自我、聲音和本質，都會在這個時間展露其混亂而不完美的榮耀，擺脫馴服和壓抑，要求所有人的目光和聆聽。

當我們成功地在新月時期或月事時重回野性，開始以自己的卵巢迎接生命，吐露內心的想法、直覺和深植子宮的感受，不再受到壓抑，究竟會怎麼樣呢？現代社會的沉重父權結構將會（也應該）變得毫無用處。如同非裔女性主義作家、女權主義者與女同志公民權利運動者奧戴·蘿爾德（Audre Lorde）正確地指出，女性將會「充滿力量，危險無比」。

但真實的情況並非如此，我們只是回到本性，分享蘊藏在子宮深處的真理。真正危險的情況是，我們長期被教育應該拋棄月事週期的能量，但唯有在月事週期的後半段，我們才能徹底地表達和體驗自身的感受。

倘若月事週期的前半段是一次深呼吸，後半段就是吐氣，釋放一切，坦承內心想法的機會。我們藉此舒緩直覺和子宮，引導女性進入深邃的道路，我們不再被迫配合，而是真正的活著。

不幸的是，太多女性已經脫離這種感受了。因為進入狂野的世界，可能會太過於混亂。身為現代女性，我們很早就學會如何包裝隱藏自己的女性「混亂」。我們只要流露情緒，就會被壓迫，甚至經常被迫道歉。

我們因為自己得到太多目光而道歉，卻在內心渴望著更多。我們害怕自己無法完整，也擔心再也找不回真正的自我。

別擔心，我們不用道歉。

我方才提到了宇宙的子宮以及知覺的海洋，倘若你願意縱身進入，就能夠化解所有不是愛的負面能量。一旦如此，你就可以舒適地迎接熱情、憤怒、悲傷、欲望和烈火的爆發。你將盡情狂野，高談闊論並且保持真實。

這就是真正的重回野性。

雖然，請你務必知道，想要重回野性的第一步需要很大的勇氣，也會讓你變得脆弱。你將陷入未知的恐懼，不知道其他人會如何理解你，甚至恣意批評。因為鼓起力量需要充分的勇氣，才能表達自己的想法，創造自己的價值，知道內心的需求，信任自己的本質。

用女性的角度比喻，我們需要很大的骨盆，才能湧現如此充沛的勇氣。然而，這就是女巫的精髓，你必須真實地回到自己，無時無刻，我們都可以解開枷鎖，不被馴服並且理直氣壯。

你將踏上一場探索自我女性景致的旅程，攸然而上的冒險。

使用女巫體內鍋爐的魔法

女巫知道，只要擁有華麗的設備與工具，萬事俱備，就能展現體內的曼妙魔法。

真正地施展法術。

她的骨盆——以及內部的卵巢和子宮——是建造於人體內部的創造熔爐，不但能夠療癒，也可以看見神諭，甚至轉化一切。當你的卵巢獲得充分的照顧——洋溢著活化的能量——就可以創造萬物，用各種方式表達自我。

藉由舞蹈、歌唱、律動和呼吸，你能夠攪拌體內的熔爐，連結內在的力量起源，就像打開體內的點火開關：古代的修行者稱呼為「夏克提」，一種神聖的女性能量，只要啟動，就可以完美地表達自我的創造能力。

你能夠全方面地感受生命的繁衍。因為你是孕育萬物者。請小心注意，啟動了骨盆鍋爐的夏克提能量，代表你可以創造任何事物：嬰兒、魔法、感情關係、人生計畫以及性高潮。當然，能力愈強，責任愈大。

請善用這股能量。

創造令人印象深刻的成就吧！這個世界需要你用盡全力，讓她變得完美。

夏克提（Shakti）崛起

夏克提是一種生命能量。

夏克提是最狂野的不可控制能量，就像一條野生原始的響尾蛇。

她不能也不會受到控制。只要我們徹底地重回野性，就能感受夏克提。

擁有夏克提的人，有時候以為自己正在駕馭這種能量，然而夏克提是創造萬物的能源，她提供全宇宙、地球和所有人類的動力，根本不能控制，也不會被馴化。

她蘊含著一種潛能，而你只需要感受自己的核心，信任自己擁有這份能量。

夏克提就是你，你就是夏克提。連結夏克提，連結女巫。

連結夏克提

請你站起身，讓雙腿感受大地，如果可以，請赤腳踩在土壤上，因為你的雙腿是七萬兩千條神經裡的三個夏克提聯繫點之一。

當你赤腳踩在大地，每根神經都會連結大地的脈動，讓你的身體流動電磁能量。

深呼吸，吐氣，將你的腳連結大自然之母。在下一次呼吸裡，感受能量的回流，導入子宮。請你反覆地強力呼吸五次。

讓夏克提的能量撼動你的身體。讓夏克提成為你的指引。

隨著能量的流動節拍移動身體，請仔細地思考，你想要的是什麼？你的欲望又是什麼？你的內心可能會湧現一些想法，例如「我不能相信自己」、「我很貪心」或「我只想要好東西，例如車子、房子或金錢」。

宣洩所有的情緒，見證並且感受你的需求，尖叫、哭泣、大笑或啜泣都無妨，記錄這次的體驗，理解眼前的一切。

每次月事來潮，我都會進行以上步驟，但你也可以在滿月、暗月，甚至每天進行。只要記得，你愈努力練習連結夏克提，就能夠相信自己的身體是自然界的信使。女巫邀請你與夏克提一起揭開生命的祕密。請放心，你很安全。我們都可以安然無事地揭開生命的祕密。

倘若你害怕，加入我的線上女巫團吧，你可以在本書附錄的女巫資源裡找到網址。我們最需要安全的地點、空間和場域，讓我們鼓起勇氣，安然地揭開一切的奧祕。地點、空間和場域是一個起點，我們與其他女性同胞一起練習探索光明與黑暗。

對許多女性而言，表現自己的原始樣貌，與其他女性一同流露脆弱，似乎是非常黑暗的選擇，因為我們必須承認弱點，或者大聲告訴別人：「對不起，我還沒整理好自己的思緒。我的生活其實不像我在社交網路平臺的光鮮亮麗。」但是，在過去三千年來，父權結構已經破壞了女性之間的信任，使我們分崩離析，背棄彼此。我們必須重建信任。

就從我們開始，一步一步重建吧。

黑暗蘊藏智慧

關鍵的問題在於，我們被教導、要求且強迫，必須完全地活在光明的世界裡，所以遺忘了黑暗蘊藏的智慧。請讓我以月事週期作為例子。

就像月亮一樣，你每個月都體驗了光明和黑暗。月事週期的前半段是排卵前和排卵期，你獲得了能量，覺得自己幾乎無所不能。但是，社會要求我們只能呈現這個模樣，你也認為自己「應該」如此。

然而，我們無法。

因為在月事週期的後半段，即生理期前和生理期間，我們的身體真的無法保持同樣的步調。所以我們才會渴望休息和重新儲備能量，無論生理、情緒或精神，皆是如此。

月事週期的後半部屬於黑暗的陰影，但沒有任何負面意義，只是我們的內在能量衰退了。

月亮與陰影共生，古代人尊崇神聖的陰影，我們也應該如此。我們應該承認自己的陰影。陰影蘊藏智慧，也能療癒女性然而，受到現代社會的壓迫，陰影變得扭曲且不平衡，反而導致女性在生理和心理的雙重疾病。大多數的女性都迴避自己的陰影，因為我們相信「羞恥、問題和生理症狀」都躲在陰影裡。

我們認為生理症狀有害身心健康，但它們只是身體的自然反應，希望傳遞徵兆與訊息，引起我們的注意。因此，生理症狀透露了許多重要的訊息，讓我們知道如何才能滿足身心靈的需要，達成和諧平衡的狀態。

請謹記在心，你的陰影蘊藏重要的關鍵鑰匙，能夠解放女性的退縮和渺小。你的陰影可以影響一切，它將持續地刺痛，直到你發現，你努力迴避的一切，才是自由的關鍵。

我們如何解決這個難題？如何連結生命的根源？

首先，我們必須確保子宮可以接納能源。我們經常感應世俗的能量，或者被迫接受身為女性，甚至女巫的意義。藉由媒體、男性、其他女性、文化和社會資訊，我們有意無意地吸收了所有的女性想像，化為情緒，儲存在子宮。

我們的感受——關於月事、流血或不流血，以及女性的需求和欲望——都被儲存在子宮空間。子宮的空間很大，但現代社會的訊息遮蔽了女神，讓我們無法連結夏克提。

如何淨化子宮空間

除了生理期的時間，你可以隨時隨地淨化子宮空間：

1. 深呼吸，將一隻手放在心上，另一隻手放在腹部（子宮）上。
2. 將你的意識深入至子宮空間。
3. 順著呼吸，進出你的子宮。讓第三次的呼吸深刻地進入體內，停留在子宮空間。開始讓子宮空間充滿新鮮的氧氣，使內部的能量流動，移開所有堵塞的事物。輕鬆地呼氣，移出子宮內的舊能量，以及不屬於子宮空間的一切。
4. 凝聚自己的意念，例如：「我要開始清除前任情人、情感創傷或某件事物留下的種種一切」。
5. 開始專注地觀察，但不必特別尋找任何徵兆，也不需刻意地修補任何錯誤，繼續保持溫柔的節奏：用力地吸氣，輕鬆地吐氣。

子宮空間的負面能量被清除之後，你可能會開始體驗過往情感關係或事件的感受，或者糾結的情感。

我們偶爾會感受、見證這些情感，認為它們是真的，妨礙了我們前進。然而，它們是真的嗎？或者只是純粹的情感記憶呢？我們應該感受且見證，不再執著。

有時候，情感不會直接浮現，可能會被慢慢地清除。你的身體將在下一次的月事週期，將剩餘的情感與血液一同排出。

進行五到十分鐘的子宮空間清除呼吸法，並且記錄自己的感受。

與身體對話

你和身體之間的關係為何？

居住在自己的身體裡，你有何感受？

這是女人必須面對的沉重問題，讓許多女人無法真實地看待自我——恐懼和抗拒導致我們不能表達真實的個性。因為我們不信任自己，更重要的是，我們不信任身體。

雖然這是一個非常深邃的問題，必須用一本書的篇幅才能充分地探討且揭露真相，但我們必須面對內心的抵抗，才能理解如何與身體和解。

正式開始討論之前，你必須知道一個真相。

不是你的錯。

我重複一次，不是你的錯。

因為你被教導必須向外尋找萬事萬物的答案，但你真正需要的解答，就在你的身心靈之中。

你已經與身體失去了連結，根本無法理解何謂真實的身體感受。然而，女性的身體是判斷何謂真實的唯一尺標。因此，我希望你真實地面對自我，才能釋放你體內的惡女之怒，對抗父權社會的操弄。

我希望你立刻展露真實的自我，並且與她面對面。我不希望你提出等待的藉口，例如「等我找到答案」或者「等我釐清一切」，而躲藏在你心裡的完美主義人格將會憎恨我的要求。

相反的，我希望你內心覺得難以忍受，卻依然探索自我。我很確定你會想要逃走，或者從事其他活動，但我不會放棄，我會強烈地要求你用半個小時的時間，替自己挺身而出。

我經常練習探索自我。在每年的黑暗時期，通常就是聖布理吉德節前夕，我會在網路上開設「重回野性」計畫，邀請許多女性參與，讓自己陷入黑暗——包括這個季節的黑暗時光，以及我們對自己一無所知的黑暗——然後我們一起探索真相，因為這才是女性真正的使命。

無論你和自己的身體關係如何，我強烈地邀請你立刻開始練習面對自我。

在今年的「重回野性」計畫中，我回答了一個問題：「你的身體有什麼故事？」我的神經系統已經超載——每一天，我都覺得偏頭痛很嚴重，非常不舒服。我開始產生質疑和畏懼，擔心自己不夠好，已經同時影響身體內外的健康狀態。

我卻不停地道歉。

為了一切而道歉。

我覺得自己很虛偽。我經常討論狂野和女人的本質，卻不認為自己真的狂野自由。我覺得被限制束縛。相較於和其他女性並肩前進，我更渴望獨自逃走。然而，我終於明白，我不是在創造「重回野性」計畫。我正在經歷重回野性的過程，我的身心靈因此被狂野侵蝕了。

它正在讓我看見一切，女性日常生活裡的種種感受——遭到限制、恐懼、害怕、覺得自己不夠好，這一切太沉重了。

它正在讓我明白女性尚未完全地實現自我。

昨天，我並沒有坦承地展現自我。我戴上虛偽的面具，因為我覺得自己必須振作。超過兩百名女性報名參加我的計畫，希望我指引她們重回野性，我卻無法離開床鋪，因為我的腎上腺素出了狀況，我恨自己如此渺小，我恨自己不能相信自我，也無法聆聽教導萬物道理的身體智慧。

這一切都是重回野性的必經痛苦。

這一切都是完全展露女性情感的必經痛苦。

昨天晚上是滿月，我感受到了身體的變化。

我獨自睡覺。滿月和暗月時，我經常獨自睡覺。我的能量變得巨大，開始消耗一切。今天早上，我起床之後，陽光鮮明美麗，我在大自然的世界裡散步，再度感受身體裡的愛。

這就是重回野性的方法。

然而，想要完整地展現自我，確實是非常可怕的過程。

我所謂的「完整」，包括混亂、害怕、無法控制、快樂和矛盾。但這就是為什麼女人都會經歷這個過程，才能探索一切，感受一切。

表達一切。
宣洩一切。
與一切共舞。
並且理解，重回野性並不是一蹴可及的修復過程。這是一場探索之旅，我們並肩而行。
因此，我想問你同樣的問題：「你的身體有什麼故事？」
我不希望你反覆思考或者謹慎回答。我要你進行三次的子宮呼吸，盡情地書寫、描繪或表達內心的第一個想法。
不要討好別人，也不要修正想法或者理性思考，用心靈和子宮感受真正的答案。
在這段過程裡，熱情猛烈地表達自我。
允許自己不完美，用充滿創意的方法，表達自己的不完美。
倘若你聽見了召喚，請與我分享你的感受，或者建構女巫圈，要求女神和神靈指引你，見證你的改變。
無論你的故事為何，我想要你知道，你是被愛的。
你擁有許多的愛。

夏娃的汙痕

每個人身上都有夏娃的汙痕，男人女人皆是如此，但特別是女性，因為那是原罪的汙痕，是一種羞恥。社會大眾如此看待並且討論女性，更是他們對女性的刻板印象。

夏娃的汙痕一直在我們身上。

夏娃的汙痕存在於我們的心靈，因為我們並沒有點亮初次月事來潮的能量。夏娃的汙痕揮之不去，因為我們的月事循環並未得到慶賀，無法展露其生生不息的循環能量與女性智慧。夏娃的汙痕永遠存在，因為生育孩子並未被視為無與倫比的精神能量與創造生命的絕對偉大。

夏娃的汙痕一直都在，因為女性停經之後，就會被視為無法生產的剩餘品，但事實上，停經的女性只是不再需要展露自我。我們已經成為崇高的存在。我們是皇后。我們狂野無比。我們是年邁的女巫。我們是睿智的女人。

羞恥的汙痕代表我們無意識地放棄了女性的核心、女性的夏克提，以及女性和生命泉源的連結。這種損失和斷裂，造成了我們的恐懼、自我價值匱乏和不信任自我。

但是，女性內心的夏克提欣然接納一切。追求內心深處的快樂時，我們必須經歷這段過程，也會因此退縮。

字典不會告訴你「感官」、「欲望」和「歡愉」的真實意義。字典不會讓你知道，通往幸福人生的單程車票就在你的感官世界，以及你如何調節自我的欲望。為什麼呢？因為父權結構有系統地讓女性無法享受歡愉。扭曲的男性能量用這個方式控制了世界。他們制服、壓抑，並且拒絕女性，讓我們不信任自己，甚至以自己的欲望為恥。

父權社會將歡愉限制於性愛，因此女性只能討論高潮，但真正的歡愉有許多層次。

請遺忘父權社會教導你相信的魚水之歡。女巫希望你探索狂野且不受控制的真正歡愉。

奪回自己的歡愉

以自我為根源的歡愉，愛和歡愉的行動就是我的魔法儀式。

——多琳．瓦蓮特（Doreen Valiente）

歡愉具備許多形式：熱水澡、加鹽焦糖黑巧克力、美味的性高潮、指甲彩繪、擁抱、肚皮舞、新鮮的花朵、乾洗澡、沉默、巨大的玫瑰木、在海洋裡游泳、收到訊息、享用無花果、女神力瑜珈、聆聽男孩團體的音樂（沒錯，我依然喜歡他們）、美麗的儀式、喝茶、茉莉花香、SPA 等等。

歡愉的清單很長，要用好幾天才能列舉完畢。我嚴格地奉行女祭司多琳的教誨：所有的歡愉，就是我最喜歡的魔法。

我與客戶相談，或者在工作坊與學員分享「以自我為主的行動」時，她們一開始的反應都認為我的想法聽起來很「放縱」或「自私」。女性已經太習慣重視他人的需求，卻壓抑自己的欲望。

我必須再度強調，我明白為什麼，因為這些都是我想請你勇敢放棄與揭露的社會陋習。但是，熱烈地愛自己確實是非常激進的舉動，因為現代世界教導女性相信自己不重要，她們的需求也不能排在最優先的位置。

以自我為根源將讓你獲得解放

如果你知道自己的需求、欲望和需要，也能明白什麼事物能夠帶來歡愉，無須他人的協助，就能找到歡愉，是否非常美好呢？（沒錯，包括令人身體顫抖的性高潮也是如此。女性的自主性高潮是一種重大的生活典範改變！）如此一來，我們就能打破父權社會壓抑女性力量的鎖鍊，讓女性身體充滿魔力，重新連結你的真實本質以及生命的根源。

讓你找回生命最核心的位置。

美麗且危險的噴霧

美麗且危險的噴霧是我在「美麗的女巫」販賣的第一種保養商品。你可以用這個配方，喚醒自己的女性內在本質：

- 蒸餾水或酒精濃度百分之百的伏特加；
- 九滴生薑精油；
- 九滴柳橙精油；
- 七滴肉桂精油；
- 十一滴薰衣草精油；
- 十三滴佛手柑精油。

★玻璃噴霧罐

製作方法：

1. 在新月或暗月時，將八〇毫升或三液體盎司的伏特加或蒸餾水倒入容量為一百二十毫升或四液體盎司的瓶子中。

2. 添加愛和意念的精油，複誦以下箴言：「我是美麗危險的女巫」。

3. 裝上瓶蓋，均勻地搖晃瓶子內的材料。

4. 微量地噴灑在你的身體、臥室、神聖空間或瑜珈墊。

愛自己是我能創造最偉大的魔法，無論何時何地……

買一隻以玫瑰石英製成、象徵女性陰部的法杖，就能讓我高潮。

製作引導我追求內在真實本質的精油。

烹飪營養美味的自然食物，而不是訂購外送速食。

找到一位專業的心靈訊息治療師，能夠理解疲倦的骨盆和過於緊張的生活所創造的複雜情緒。

重新安排約定行程，因為我正處於生理期的最後一天。

整理自己的財務狀況，理解收支。

無論我如何愛自己，都是激進的行動，因為每一種以自我為根源的行動都讓我發現自己的重要，我也絕對值得滿足自己的需求、欲望和需要，無論是臥室、感情關係、工作或生活。

請記得，你絕對值得滿足自己的需求、欲望和需要。

找回自給自足的泉源

寫下一張清單，記錄你的需要、欲望和需求。

全方面地思考如何實現，允許自己享受生活。

一個星期選擇一項目標（事實上，數量沒有限制，但如果你剛開始體驗自給自足的泉源，我建議以一個目標為主），積極地追求，不要懷抱任何罪惡感或歉意。

你是造物者，天生就能自給自足。

你一定可以實現。

慶賀、榮耀並且點亮自我

只要能夠承認、信任並且找到方法，讓你對於自己的身體生命產生良好的感覺，你就不會想要逃跑或者抗拒身體傳達的訊息。無論你曾經接受過什麼樣的錯誤訊息，都可以非常確實地明白，你的歡愉、慾望和感官都不是邪惡的。你將知道，女性的雙腿之間蘊藏著生命的起源。

也是你的力量。

身為女巫，我們能夠自給自足，創造儀式並且慶賀女性的身體榮耀，其他女人和男人，能夠感受我們的存在與完整，藉此想起她們（他們）的生命。

我將和你一起探索，因為我和你一樣，對於生命的奧祕所知無幾。但是，我很清楚自己正在努力地實現女巫的工作，每一天，我都找到了生命的新極限。

我發現自己身處黑暗世界並且一無所知，我開始學會如何調適心態。我看見自己不喜歡的特質，但不急著「修復」或「改善」。相反的，我變得心胸開闊，願意放棄所有無法滿足人生的事物。

我們的心靈潛藏著古老的虛偽故事——關於女性身體的不信任，以及女性的本質——我們必須親眼見證、徹底感受並且釋放一切，才能完整地連結身體、歡愉和欲望。

讓我們鼓起勇氣，成為女巫——美麗危險且無懼黑暗——再也不必害怕父權社會的迫害。如果任何人膽敢批評我們過於關注自我，侵佔過多空間或者因為女性發光發熱而背棄我們，就用行動讓他們住口。

一起生活在未知吧！

不要退縮、保留或壓抑任何情感，完整徹底地表達自我！

如何成為美麗危險且無懼黑暗的女巫

適應黑暗：正如標題所說，某些薩滿傳統相信，要讓一個人得到力量，必須讓她在黑暗的森林或其他的聖地，孤獨地度過一晚。請你找到一個黑暗的空間，獨自一人度過一段時間，就能感受力量。

重新找回感官的歡愉：倘若你已經知道自己的感官需求，不妨盡情放縱。一位伴侶（或多位）的陪伴很不錯，但不是必須條件。閱讀阿尼斯・尼恩或其他作者的書籍，徹底感受你的性慾，拓展或反思原有的欲望。你也可以在我的另一本書《熱愛你的女性景致》裡看見更多練習方法。

自給自足：所謂的「女巫魔法」與「根源」一詞相當接近，女神也會鼓勵你善用所有的工具，包括魔法、顯靈、鍊金術等等，滿足你的需求、需要和欲望。

但是，請記得你並不自私，也不會操控他人滿足自己，而是重視自己。倘若你害怕批評，請反覆說服自己相信，直到你的內心釋懷。一旦你能夠徹底地照顧自己——需求、歡愉和需要都得到滿足之後——就能夠發揮女性本質，開始侍奉女神。

各位女巫，真正的魔法就是如此。

第十三章

甦醒的女巫

做為女人，我們彼此相連，就像蜘蛛網，倘若其中一部分受到外力撼動，或者遭逢困境，全部的女人都會知道，我們卻太恐懼無助，無法相互幫忙。倘若女人不幫女人，誰又能幫助我們？

——莎拉・艾迪生・艾倫（Sarah Addison Allen）《水蜜桃的守護者》

各位女巫，我在本書分享的一切，都是為了喚醒你，而不是傷害你。

喚醒你的子宮。

喚醒你的狂野和女性特質。

喚醒你的力量、你的內在權威和女神賜予你的力量。

在當前的世界，沒有任何事物比女性的力量更重要。

了真正的甦醒——這個世界正在面臨危機，被不健康的男性自尊摧毀，女性的力量、權益和自主地位都遭到剝奪——我們必須成為女巫，用烈火拯救世界。

女巫用憤怒之火燃燒世界。

女巫用熱情和決心燃燒世界。

女巫用同情和愛燃燒世界。

各位女巫，我們在火上行走，因為我們就是烈火。

他們在「女巫狂熱」時期焚燒女巫，而我們要用火焰重新甦醒。我們是夏克提，我們是摧毀者，我們是滋養者，我們是崛起的昆達里尼，我們是黑暗中的光芒。

一起成為蛻變的烈火吧。

親身感受烈火的焚燒。

偉大的女神之母將感應到你的召喚。

讓我們看見以女性身軀回憶、尊重和崇敬你的方法。

這個魔法創造了你的女巫鍋爐。

為了過去的不義，燃起激昂的怒火吧。用你的每一個細胞好好感受，從心開始實現女巫的使命，藉此療癒這座世界。世間的萬物。

你就是女巫使命的起點與終點。

請記得你狂野的女性特質就在黑暗的世界中。請重新連結自然之母、你的身體和真理。重新奪回你的一切，從月事週期開始，讓所有人知道你的月事週期非常神聖。崇敬一切，包括你的混亂本質、真相、情緒的兩極、矛盾、神祕，以及光明和黑暗之間的中介地帶。

流露前所未有的熱愛與熱情，讓所有人感受吧。

只要任何一位女性點燃生命的烈火——翻攪記憶、連結、奪回、崇敬，以及女性體內鍋爐的炙熱烈火——就能實現煉金術。

女神將開始療癒我們。療癒她的傷口，以及所有女性的傷口。

她將負責滋養、取悅、畫下生命的疆界和欲望。

她將自給自足，重新創造地球需要的能量，因為她理解自己的起源，也明白自己的使命。

她已經完全地甦醒了。

女性朋友，我們將一起創造一場偉大的旋風，充滿女神和自然之母的愛。男性和女性真正渴望的愛，狂熱、充滿力量，並且蘊藏豐富的同情心。

父權社會，請注意！自然之母即將來襲！

我們得到女神的力量，才能明白生活周圍的男性並不代表父權社會。無論有意無意，責怪單一男性沒有任何幫助和意義。女性獲得完整的力量之後，也會協助男性，一起建立清澈的相互溝通、指引、耐心和愛。

姊妹情誼

我不會在餐廳裡和另一位女性朋友爭奪座位。相反的，我們將一起走上街頭，爭取更大的女性空間。

——格萊農．朵兒．米爾頓（Glennon Doyle Melton）

各位女巫，你並不孤單。

你的故事和人生經歷雖然獨一無二，但我們彼此相連。沒有任何一位女人可以獨自焚燒陋習——古老的虛偽故事、父權社會的限制，以及女性自我危害的恐懼。我們必須協助彼此，完成女巫的使命。

有時候，我也會忘記自己不必，也無法獨自面對。

我在桌前書寫此書，但唯有我們齊心協力——喚回女性的力量、創造生命的流動、發動子宮內的革命，並且將革命延伸至外在世界——才能創造真正的魔法。

與其他女性並肩坐在女巫圈，尋求她們的協助，分享自己的故事和弱點，並且信任她們，才是真正的反抗父權社會。

為什麼呢？

因為父權社會用百萬種方式說服我們相信女性不值得信任，女性不配得到幸福，女性沒有任何價值。

這種錯誤的觀念已經流竄到我們的基因和生活，以致於我們無法相信其他女性。許多人都有痛苦的經驗，與其他女性相互競爭，被她們奪走珍愛的事物，甚至遭到暗算。

我們必須結束這種可怕的局面。

我們必須協助彼此相信自己、直覺和內在權威。我們必須創造一個新的世界，不但可以熱愛自己的身體，以身體為榮，也喜歡住在身體裡的靈魂。除此之外，這個世界也讓我們覺得安全，我們走在街上，不需要擔心遭到傷害。

我們一定會失敗，反覆地嘗試，再用深刻的同情心，緩慢地找到重新信任彼此的方法。

我正是因此在現實生活和網路世界都創造了女巫圈、修養中心和神聖的空間，讓所有女人可以相聚，與其他美好的女性朋友一起揭露坦承自身的經驗，卸下武裝，才能找回信任，相信自己與彼此。

我們見證一切，也被人見證。我們支持他人，也得到支持。我們學習，也教導別人。我們經常痛哭，也會無比的歡笑。

我們一起長出茁壯的根源，齊心協力地焚燒陋習、錯誤的觀念和迷思。我們堅強地崛起，得到浩瀚的力量支持。女神的力量就在我們身邊。

召集女性

不要消極等待，主動地召集其他女性吧。

一開始，我邀請其他女性到我家，一起進行女神儀式。

我們在暗月時相聚，設置神聖的空間，把物品放在祭壇上，灌溉神聖的能量。

我們藉由呼吸，釋放外在世界的既有認知，清除身心靈和空間裡的污垢。我們召喚自然元素，建構女巫圈，用女神力瑜珈的非線性運動，滋養女性的身體，飲用神聖的可可，準備感受所有的體驗。我們開始創造藝術品，藉由瑜珈之眠，感受深刻的歇息，並且分享彼此的故事，深刻地聆聽，見證我們的人生。

團聚的時間結束之後，我們向彼此表達最盛大的愛與感謝，關閉女巫圈，一起品嚐食物，回到現實世界。

有人說這是女巫的紅帳棚或女巫圈，也有人說這是月之神殿。我個人認為這是女性的團聚，而我們應該更頻繁地與彼此相聚，才能孕育魔法和革命。父權社會區隔我們，讓我們失去自我，就是因為他們明白，只要女性團聚並且分享彼此的人生，我們就會得到真正的力量。

召喚你的力量，召喚我們的力量，無論你選擇何種方法，我們都要團結一致。各位女性朋友，請團結。各位女巫，盡情地使用你的方法吧。

我是一名天生的女巫，我的女巫特質自然萌發。我是古典世界的女巫。我是活在二十一世紀的女巫。我是女性主義者，行動者，也是未出世的孩子之母。

我是一位甦醒的女巫。我是一名女性，環顧這個世界，終於明白為什麼一切會演變至如此惡劣的局面。我的願望和意念已經寫在這本書裡。你看見的一字一句，每一種練習和建議，每一段引文和故事，都是為了點燃你的生命之火，喚醒你的女巫特質，召喚你重新奪回力量，讓你找回擁有的一切。

其他的使命？

要由你自己完成。

不要讓任何人指導你如何善盡女巫使命。

你能成為一位施展法術的女巫，也可以不要。

你能成為一位使用藥草和精油的女巫，也可以不要。
你能成為一位擁有祭壇的女巫，也可以不要。
你能成為一位關注政治的女巫，也可以不要。
你能成為一位創造藝術的女巫，也可以不要。
勇敢地質問長老和導師，質問這本書，質問一切。
尋找萬物的真理。從你自己開始。
創造你的規則，再打破這些規則。
實現你命中注定應該成為的女人。

關閉女巫圈

閉上雙眼，深呼吸，雙手放鬆，手掌朝上。我們即將關閉女巫圈，結束魔法，回到日常生活。

古代的女性、女巫和睿智的女人，感謝你加入我們，和我們並肩而坐，在女巫圈裡指引我們的方向。

神聖的女神，萬物的一切，感謝你的存在和祝福。感謝你清除女巫圈裡的沉重能量，填補愛、療癒和真理。

女神，感謝你指引我，指引我們，讓我們聽見並且感受女巫圈裡的重要真理。感謝你的祝福。

我將面對四個方位，以逆時針的方式，從西方開始感謝自然世界的四種元素。

西方，水元素：謝謝你淨化我們，解除我們的飢渴，滋養我們的身體，允許我們探索情緒的高潮和低潮，並且純淨我們的思想。感謝你，再見。

南方，火元素：感謝你焚燒所有的悔恨，點燃熱情及慾望之火，當我們走入黑暗世界，也是你點亮光芒。感謝你，再見。

東方，空氣元素：感謝你吹走古老的陋習，捎來新的希望。感謝你協助我們迎接改變，而不是抗拒。感謝你，再見。

北方，土壤元素：感謝你照顧我們，支持我們，讓我們的根源變得茁壯，才能崛起。感謝你，再見。

大地之母、天空之父、月亮祖母、太陽祖父、星辰的國度以及所有神祕的萬物，感謝你的存在，支持我們，並且在女巫圈中指引我們。

空氣是女神的呼吸，
女神的神靈之火，
女神的子宮之水，
土壤是女神的身軀，
願女巫圈永遠開啟，永不毀滅。
願女神的愛，
常在你心，
很高興與你相遇，
滿心歡喜地與你道別。
期待與你再見。
祝福你。

附錄 1

女巫書櫃

如果您和我一樣喜歡在閱讀時畫重點、寫筆記，也許您想閱讀更多相關的書籍，對吧？

以下是我推薦的書本，希望您喜歡：

《*Achterberg, Jeanne – Woman as Healer*》

《*Bennett, Jessica – Feminist Fight Club*》

《*Beth, Rae – Hedge Witch: A Guide to Solitary Witchcraft*》

《*Bird, Stephanie Rose – Sticks, Stones, Roots and Bones*》

《*Boland, Yasmin – Moonology*》

《*Federici, Silvia – Caliban and the Witch*》

《*Leek, Sybil – Diary of a Witch*》

《*Leek, Sybil – The Complete Art of Witchcraft*》
《*Patterson, Rachel – Grimoire of a Kitchen Witch*》
《*Perrone, Bobette – Medicine Women, Curanderas and Women Doctors*》
《*Romm, Aviva – Botanical Medicine for Women's Health*》
《*Shen, Ann – Bad Girls Throughout History*》
《*Valiente, Doreen – Natural Magic*》
《*Valiente, Doreen – Witchcraft for Tomorrow*》
《*Wood, Gail – Shamanic Witch: Spiritual Practice Rooted in the*》
《*Earth and Other Realms*》
《*Worwood, Valerie Ann – The Fragrant Pharmacy*》

附錄 2

女巫工具

我希望您可以在書中文字找到需要的工具，喚醒體內的女巫，重新奪回力量，成為真正的魔法神諭者。

以下是一些資源工具，協助您更深入探索女巫世界，也可以找到女巫同伴。

www.wakethewitches.com

您可以在這個網站找到本書提到的女巫工具和儀式資訊。

除此之外，網站還有喚醒女巫的音樂播放清單，以及網路廣播節目，提振您的精神。我們也準備了免費的喚醒女巫雜誌，您可以下載之後列印，裡面記載了女性鍋爐對話，觀念以及我最喜歡的女巫朋友設計的儀式。基本上，這裡可以滿足您所有的女巫需求。

喚醒女巫標籤

請跟我們分享您的閱讀心得！我想知道您在何地閱讀此書，還有您的想法，請在社群平臺上分享心得之後，標記 #wakethewitches（喚醒女巫）（我經常瀏覽 instagram，記得追隨我！我的帳號名稱是 @sassylisalister）

喚醒女巫工作坊

體驗女巫精神的機會，喚醒您的女巫本質，奪回您的女巫力量（面對面或線上都可以）。

您可以在工作坊練習喚醒女性深邃智慧的魔法。我們的女巫心靈和子宮都渴望著實現一切！很棒！

請參考以下網址： www.wakethewitches.com/events

加入女神團

加入線上女神團，體驗每個月的儀式和咒語，感受充滿直覺能量的觀念和工具，敲醒您的內在潛能，您也能夠加入私人女巫團，裡面是來自世界各地，找回女性力量的甦醒女巫。

請參考以下網址：www.wakethewitches.com/SHEcoven

致謝

我想用熱烈的愛，掃把還有魔法，表達我的感謝，獻給以下這些睿智、美好且狂野的女巫朋友：

維京人，里奇·黎絲特——與女巫一起生活不容易。一個男人必須意識甦醒、充滿靈魂能量、堅強而且心胸開闊，才能夠承受、支持、滋養、欣賞並且熱愛我這個狂野的子宮女巫。謝謝你，你是真正的男人，也是最完美的愛。對了，感謝你的長相如此性感，鬍子也很棒。

古代的女巫、女性前輩和女人——我的萊莉奶奶、克拉克外婆、自然之母，以及我在女巫圈和白日夢中看見但並未接觸真人的各位前輩。

我知道您支持我。

謝謝妳們。

追尋夢想的馬爾他伙伴——麗莎・凱朵克、艾米・韓福瑞、希瑟・布蘭琪、梅格韓・費爾德、克雷兒・法赫斯特、艾伯妮・亞蘭德、柔伊・查爾斯，感謝各位聽見了召喚，和我一起前往馬爾他神殿，共同創造了強力的滿月魔法，才能孕育這本書。

黎絲特家族——我知道迎接一位女巫並不容易，但我的感謝之情已經超越文字能夠表達的範圍，謝謝各位讓我在黎絲特家族的森林舉行魔法儀式，讓我在家族裡懸掛掃把，還同意我養殖藥草。能夠成為黎絲特家族的一份子，我倍感祝福。

大衛・威爾斯——你是最好的啦啦隊隊長以及天文學指引者，還有你隨機傳來的文字簡訊與無比健康的午餐（令我打呵欠）。你協助了一個惡女完成這本書，威爾斯先生，感謝您。

蘇西・瑞恩絲以及艾米・理查斯・威爾頓——妳們擁有天使和聖人的耐心，愛護我，並且支持我，儘管我過去一年來，忙著寫書、編輯和推廣，很少與兩位見面。我必須送上千百萬份感謝。我們現在終於可以一起喝雞尾酒了！我要喝很多！

珍妮・吉本斯，我的根源和花朵——妳是最睿智的女巫，深刻地理解我，和我進行漫長的對話，也提供我很棒的動力，讓寫作過程變得如此愉快。吉本斯女士，我愛妳，感謝妳的協助。

凱莉·安·摩絲——謝謝妳支持我的寫作。當時，我在格拉斯頓進行一場魔法之旅，感謝妳的睿智，深邃且強烈地述說真理，還有慷慨偉大的心靈，我愛妳。

安妮·理查森——感謝妳永遠的支持、愛護和鼓勵。我永遠愛妳。

莎拉·杜漢·威爾森——我今生前世的女巫姊妹，感謝女神將妳帶到我的生命中。

馬雅·哈凱特——妳一直分享醫藥與智慧，妳的雙手和心靈支持我，感謝妳向全世界分享的珍貴智慧（當然，也包括向我透露的種種一切）

緋紅女士梅根·瓦特森——妳總是知道正確的答案。妳的文字永遠都是我紅色靈魂的鼓舞。

凱蒂·布羅赫斯特——感謝妳的一切。愛、建議、支持、視訊對話，還有我們分享的歡笑與淚水。妳是我最棒的女巫——我們還要一起進行一生的冒險！

露西·雪瑞登——感謝妳的牽手支持、愛的付出，以及孕育這本書的雛形觀念。謝謝妳支持我、鼓勵我寫作本書。除此之外，感謝妳向我介紹大蒜奶油，讓食物變得更美味，我的人生也變得更美好。我愛妳。

Hay House出版社的團隊——謝謝妳們鼓起勇氣出版這本書，這是艱鉅的使命，也感謝妳們支持每一位甦醒中的女巫。Hay House出版社的全體工作伙伴，妳們很棒。

文字編輯的女巫朋友，塔馬菈和譚雅——兩位女性同伴，妳們擁有無可否認的卓越技巧。謝謝妳們讓原本非常艱澀的文字工作，變得如此享受。感謝妳們提供的意見、知識以及選字用詞的智慧。不過，最重要的還是我們在每週二晚上到每週三早上的編輯派對。我們一共舉辦了八十四次的派對。我們是最好的證據，證明三個女巫聚在一起，就能實現魔法。我非常愛妳們，謝謝。

荷莉．霍登——如果沒有妳的支持，我無法完成這本書，非常感謝。

艾米．金伯德以及瑞貝卡．坎貝爾——謝謝兩位朋友的電話、簡訊、儀式、淚水、暢談與歡笑。我愛妳們。

戴娜．吉爾樂絲皮和荷莉—葛利格．史帕爾——我們是神聖的子宮女巫三位一體，謝謝兩位洛杉磯女子提供的全方位支持。

各位讀者——感謝每一位寄送電子郵件和簡訊的讀者朋友，在這本書還沒正式寫作之前，就已經預購了。我也要感謝所有的女性朋友。當我覺得自己的聲音受到壓抑，妳們讓我想起寫作此書的初衷。我要感謝所有的女巫，妳們已經甦醒，準備實現自己的使命，每一天，我都可以在社群網站上的科技女巫圈和各位分享一切。我的女巫之心非常感謝各位的參與。你們讓我、讓自己、讓女神以及讓整座世界變得更好。

我們非常需要你的魔法。

BM6019

女巫：療癒世界的傳奇

Witch: Unleashed, Untamed, Unapologetic

作　　者／麗莎・萊斯特（Lisa Lister）
譯　　者／林曉欽
企劃選書・責任編輯／韋孟岑
版　　權／翁靜如、黃淑敏
行 銷 業 務／張媖茜、黃崇華
總　編　輯／何宜珍
總　經　理／彭之琬
發　行　人／何飛鵬
法 律 顧 問／元禾法律事務所　王子文律師
出　　版／商周出版
臺北市中山區民生東路二段141號9樓
電話：(02) 2500-7008　傳眞：(02) 2500-7759　E-mail：bwp.service@cite.com.tw
發　　行／英屬蓋曼群島商家庭傳媒股份有限公司城邦分公司
臺北市中山區民生東路二段141號2樓
讀者服務專線：0800-020-299　24小時傳眞服務：(02)2517-0999
讀者服務信箱E-mail：cs@cite.com.tw
劃 撥 帳 號／19833503　戶名：英屬蓋曼群島商家庭傳媒股份有限公司城邦分公司
訂 購 服 務／書虫股份有限公司客服專線：(02)2500-7718；2500-7719
服務時間：週一至週五上午09:30-12:00；下午13:30-17:00
24小時傳眞專線：(02)2500-1990；2500-1991
劃撥帳號：19863813　戶名：書虫股份有限公司　E-mail：service@readingclub.com.tw
香港發行所／城邦(香港)出版集團有限公司
香港 灣仔 駱克道193號東超商業中心1樓
電話：(852) 2508-6231　傳眞：(852) 2578-9337
馬新發行所／城邦(馬新)出版集團
Cité (M) Sdn. Bhd. (458372U)
11, Jalan 30D/146, Desa Tasik, Sungai Besi, 57000 Kuala Lumpur, Malaysia.
電話：(603)9056-3833　傳眞：(603)9056-2833
商周出版部落格／http://bwp25007008.pixnet.net/blog
行政院新聞局北市業字第913號

美 術 設 計／蔡惠如
印　　刷／卡樂彩色製版印刷有限公司
經　銷　商／聯合發行股份有限公司
客服專線：0800-055-365　電話：(02)2668-9005　傳眞：(02)2668-9790

2018年（民107）11月13日初版
2023年（民112）05月23日初版5刷
定價380元　Printed in Taiwan

城邦讀書花園
www.cite.com.tw

ISBN 978-986-477-570-5

國家圖書館出版品預行編目（CIP）資料
女巫：療癒世界的傳奇／麗莎・萊斯特（Lisa Lister）著；林曉欽譯. -- 初版. -- 臺北市：商周出版：家庭傳媒城邦分公司發行, 民107.11
368面；14.8x21公分
譯自：Witch: Unleashed, Untamed, Unapologetic
ISBN 978-986-477-570-5(平裝)
1.自我實現 2.成功法　177.2　107011697

商周出版

廣　告　回　函
北區郵政管理登記證
北臺字第000791號
郵資已付，免貼郵票

104　台北市民生東路二段141號2樓

英屬蓋曼群島商家庭傳媒股份有限公司城邦分公司　收

請沿虛線對摺，謝謝！

商周出版

書號：**BM6019**　書名：女巫：療癒世界的傳奇　編碼：

請於此處用膠水黏貼

商周出版

讀者回函卡

謝謝您購買我們出版的書籍！請費心填寫此回函卡，我們將不定期寄上城邦集團最新的出版訊息。

姓名：________________

性別：□男 □女

生日：西元________年________月________日

地址：________________

聯絡電話：________________ 傳真：________________

E-mail：________________

職業：□1.學生 □2.軍公教 □3.服務 □4.金融 □5.製造 □6.資訊

□7.傳播 □8.自由業 □9.農漁牧 □10.家管 □11.退休

□12.其他________________

您從何種方式得知本書消息?

□1.書店□2.網路□3.報紙□4.雜誌□5.廣播 □6.電視 □7.親友推薦

□8.其他________________

您通常以何種方式購書?

□1.書店□2.網路□3.傳真訂購□4.郵局劃撥 □5.其他________

您喜歡閱讀哪些類別的書籍?

□1.財經商業□2.自然科學 □3.歷史□4.法律□5.文學□6.休閒旅遊

□7.小說□8.人物傳記□9.生活、勵志□10.其他________

對我們的建議：

____

____

____

____

請於此處用膠水黏貼

WITCH

WITCH